El Juego
un Camino a la Iluminación

La Espiritualidad a través del Deporte

Sabi

Imagen de la Palabra Satori en Japonés

Order this book online at www.trafford.com
or email orders@trafford.com

Most Trafford titles are also available at major online book retailers.

Printed in the United States of America.

ISBN: 978-1-4269-6038-3 (sc)
ISBN: 978-1-4269-6040-6 (hc)
ISBN: 978-1-4269-6039-0 (e)

Library of Congress Control Number: 2011904426

Trafford rev. 05/09/2011

 www.trafford.com

North America & International
toll-free: 1 888 232 4444 (USA & Canada)
phone: 250 383 6864 ♦ fax: 812 355 4082

Agradecimientos

A mis Padres
Leonor y Roberto

A mis Hermanos
Carlos, Laura, Bethoveen, Magdalena, Luis, Pilar, Guadalupe, Miguel
Angel, Edgar, Roberto y Daniel

A mis Sobrinos
Antonio, Manuel, Mario, Paulina, Efrén, Alejandra, Daniel y amigos
que fueron mis conejillos de indias y me ayudaron con sus comentarios para corregir
algunas técnicas

A mi Amigo
Joaquín
cuya larga amistad me ha dispensado, facilitándome su Biblioteca y sus observaciones y
aclaraciones en torno a las Artes Marciales

A mis Maestros, Colegas y Amigos
Javier Ruiz y Federico Pérez

Por último, pero no menos importante con Admiración y Respeto
a los Deportistas Mexicanos

A todos ellos y más personas que me han ayudado a lo largo del camino les
dedico este Libro

... Un torpe intento para describir una cualidad inefable. Como sabes, shibumi tiene que ver con un gran refinamiento fundamental bajo una apariencia corriente. Es un concepto tan correcto que no tiene que ser audaz; tan sutil, que no tiene que ser bonito; tan verdadero, que no tiene que ser real. Shibumi es comprensión más que conocimiento. Silencio elocuente. En el comportamiento, es modestia sin recato. En el arte, en donde el espíritu de shibumi toma la forma de sabi, es elegante simplicidad, brevedad articulada. En la filosofía, en la que el shibumi emerge como wabi, es un sosiego espiritual que no es pasivo; es el ser sin la angustia de la conversión. Y hablando de la personalidad de un hombre es... ¿cómo podría explicarse? ¿Autoridad sin dominio? Algo parecido...

-¿Cómo se puede alcanzar este shibumi, señor?
-No se logra, se... descubre. Y únicamente unos pocos hombres de infinito refinamiento son capaces de ello...
-Lo que significa que uno ha de aprender muchísimo antes de llegar a shibumi.
-Lo que significa más bien, que uno ha de pasar por el saber y llegar a la simplicidad.

Shibumi
Trevanian

... En vez de eso, para el verdadero maestro, el karate, el kung-fu, el aikido, el wing-chum y todas las demás artes marciales son esencialmente caminos por los que puede arribar a la serenidad espiritual, a la tranquilidad mental y a la más profunda confianza en sí mismo.

... Y he llegado a comprender que el esclarecimiento significa sencillamente reconocer la armonía inherente a la vida diaria.

-El karate no es un juego –dice-, no es un deporte. No es ni siquiera un sistema de defensa personal. El karate es un ejercicio mitad físico y mitad espiritual. El karateka que ha dedicado los años necesarios al ejercicio y a la meditación, es una persona tranquila. No le teme a nada...

Yo pienso que uno puede aprender mucho acerca del Zen en cualquier actividad que practique, si uno se mantiene consciente de las propias reacciones internas. La clave está en un ejercicio constante de la percepción, de la vigilancia de la mente y del relajamiento del cuerpo. Si aplicamos los principios del Zen, eso libera a una persona de la preocupación, de la tensión y de la ansiedad acerca del ganar o perder.

El Zen en las Artes Marciales
Joe Hyams

¿Por qué corro?

Aquellos que no lo hacen no pueden entender.

El dolor es real todos los días.

¿Es más fácil ahora? Realmente no.

El mismo dolor que sentí el primer día.

Lo único más fácil es cubrir distancias mayores en períodos más cortos.

El dolor es el mismo y comprendo que siempre será así.

Le temo y de alguna forma lo deseo fervientemente.

¿Por qué corro?

Para mantenerme en línea, para mantener mi salud.

Para sentirme mejor -todas razones parciales, supongo.

La razón verdadera es la confirmación; la confirmación de que yo tengo el control.

Cada día debo hacer una elección, una elección de experimentar dolor y malestar para lograr una meta mayor o de sucumbir al impulso del cuerpo de hacer otra cosa más confortable y placentera.

¿Quién tiene el control? ¿Mi cuerpo o yo?

Cada vez que corro verifico que tengo el control y que puedo ser el artífice de mi propio destino.

En última instancia, es por eso que corro.

Me siento culpable cuando no corro –cuando el cuerpo gana.

Correr es la prueba de mi fortaleza –no sólo física sino mental.

Correr es un desafío de mi voluntad, de la mente sobre la materia, de mí contra mí mismo.

El correr es un condicionamiento mental tanto como físico.

Es una terapia de la voluntad para mí.

Cada carrera es un éxito –el más enriquecedor y profundamente satisfactorio.

Extraña pero indefectiblemente ligado a la autodisciplina, la autopostergación y el autocontrol.

En un mundo donde a menudo me siento indefenso, victimizado y controlado, el correr me ayuda a revivir sensaciones de esperanza, fuerza y convicción de que puedo lograr algo diferente

y

puedo ser responsable de mí mismo.

Una adicción o elección, diría usted.

Y tiene razón. Existe el peligro.

Mientras "elijo", el valor se mantiene verdadero y real;
mientras yo controlo el correr y no él a mí.
Adicción positiva o no, el valor está en la elección.
Cuando la elección se pierde, vuelvo a sentirme controlado y victimizado.
Una cosa más en mi vida que me dice que no tengo el control, que soy un
simple instrumento de la fatalidad y la circunstancia.
Debo correr como una elección, no por una necesidad,
o su real valor se pierde para mí.
¿Por qué corro?
Corro por el triunfo, el triunfo en la última competencia.
La competencia de mí contra mí mismo. (1)

Aclaraciones

Se debe hacer todo tan sencillo como sea posible, pero
no más sencillo.

Albert Einstein

Para fines prácticos y sin meternos en muchos problemas, utilizamos de manera indistinta la palabra "Juego" ó "Deporte".

Todos los ejercicios que se describen en los siguientes capítulos de este libro, es recomendable que los hagas con ropa holgada o cómoda, como te sientas más a gusto.

Otro detalle importante de estos ejercicios, es que empezamos con el Hemisferio Izquierdo; dado que no podemos ni debemos tener predominancia por un solo hemisferio, hagámoslo cooperar para beneficio de nosotros. Por medio del Lenguaje iniciamos para después gradualmente entrar a funcionar con el Hemisferio Derecho, y encontrar el Equilibrio o Armonía; para sacar lo mejor de uno mismo, de manera óptima.

Es deseable que estas prácticas no sólo las puedas realizar mientras juegas o entrenas, sino que las puedes utilizar en tu vida diaria o cotidiana. Es un método o camino para llegar o acceder al despertar espiritual, comúnmente llamado "Satori" o "Iluminación"; pues un buen deportista es lo que experimenta en algunas ocasiones y su juego, es armonioso de tal manera que el observador ajeno, valga la redundancia, lo observa que lo realiza sin esfuerzo. Estos ejercicios facilitan ese estado, facilitando la evocación del "estado de gracia", que es un esfuerzo constante.

En la Sección de Anexos de este libro; nos tomamos la libertad de Copiar íntegro el Capítulo 3 "Los cazadores de la Noche del Lunes" de Carl Sagan del Libro "Miles de Millones", debido a que creemos que puede interesarles a los Jugadores el probable inicio de los Deportes y que tan antiguo es, si solamente fue acto creativo de un país y la afición de las personas por los Deportes; además el Capítulo 6, el apartado La Aptitud Magistral, del Libro "La Inteligencia Emocional" de Daniel Goleman, donde se explica lo que sucede en el interior del cerebro cuando el Deportista "esta en la zona", en su estado más óptimo, en equilibrio con su medio. Seguimos con una disertación del concepto Mushin: deje que su mente fluya, sobre el estado del "ello", cuando el Inconsciente toma el mando y responde uno de manera tan equilibrada y armónica a lo que lo rodea; el esfuerzo-sin esfuerzo, un estado que todo deportista desea alcanzar y mantener, logrando una coordinación perfecta de mente-cuerpo. Continuamos con el trabajo pionero de los rusos; específicamente la Sección 2 Súper-Rendimiento, con los Capítulos: 10 Súper-Rendimiento en los Deportes; 11 Un programa soviético de rendimiento máximo y 12 Para aminorar el dolor del Libro, Súper-Aprendizaje de Sheila Ostrander, Lynn Schoreder y Nancy Ostrander. Y lo complementamos con los últimos adelantos en cuanto técnicas o herramientas para una mejor evolución del Jugador; con ayuda de la PNL y las investigaciones que ha llevado a cabo, Robert Dilts de su obra Coaching, específicamente los Capítulos: Capítulo 2 Coaching y Capítulo 3 Enseñanza. Lo cual creemos que servirá para darse una idea aproximada de lo que el entrenamiento mental puede ayudar, facilitar al máximo y aprovechar como un todo: mente-cuerpo.

Tanto en las Notas y la Bibliografía está escrito de donde se tomaron las citas que se usaron en este texto.

Sabemos que la "Iluminación", "Satori", "El Despertar", "Estar en la zona" y otras denominaciones; no es sino simple y sencillamente el autoconocimiento de sí mismo o la autoconsciencia de mí mismo. Esta no es la finalidad, sino un proceso que nunca acaba.

Este libro o la vida misma no tiene principio ni fin, pero como estamos acostumbrados a poner un inicio o empiezo; este material se gestó a través de un sueño con el Capítulo XVI "La Respiración", así que si buscas el Capítulo I no lo hay. Y en respuesta a una inquietud de un amigo deportista, para mejorar su Juego. Aunado a que mientras desarrolla sus habilidades, también crecerá interiormente de manera Integral, es una vía o camino para acceder a una mejor comprensión de sí mismo.

Esto que leerás, es para que lo practiques no para hablarlo; permítete experenciar, vivenciar y comprobar, estos simples ejercicios. Que consideramos que son los más básicos para desarrollar e incrementar la consciencia corporal. No son nuevos, ni originales simplemente están sistematizados. Se pueden adecuar al Deporte de tu preferencia y tu particular modo de ser; a partir de aquí puedes desarrollar tu creatividad para hacer combinaciones o ver que hace falta para optimizar tu ejecución, diferenciar y cambiar lo que haces para mejorarlo.

Recuerda que este programa es para que lo adaptes a ti, no para que tú te adaptes a él.

El Autor

Los iluminados quizá nos deslumbre, pero los verdaderos maestros nos sacan de la oscuridad. Descomponen la física de partículas en una serie de diagramas que cualquiera puede entender; el futbol, en un conjunto de pasos que cualquiera puede aprender, y el arte, en una secuencia de diapositivas que cualquiera puede apreciar. Un gurú antepone su ego a su doctrina; un maestro, en cambio, comparte lo que sabe y nos ayuda a conocernos a nosotros mismos.

Los pequeños gigantes
Adam Gopnik

Introducción

El conocimiento técnico no es bastante. Uno debe
trascender las técnicas para que el arte se convierta en
un arte sin arte, que brote del inconsciente.
Daisetsu Suzuki

En el devenir del desarrollo humano, una de las actividades primordiales desde que nacemos hasta que morimos, es la actividad lúdica; es decir, nadie escapa a ese placer del jugar. Si observamos a los infantes, desde pequeños juegan; o creemos que se divierten, la actividad lúdica parece ser una actividad natural. Para conocer su cuerpo, el medio o entorno que les rodea, en una palabra para conocer su ambiente. Conforme crecemos, seguimos haciéndolo pero ya con algunas limitaciones; como pueden ser: tiempo, espacio y lugar. Puede que si nos es muy placentero, lo sigamos haciendo. Ya sea en el trabajo o en la actividad cotidiana, le buscamos el lado cómico a la situación o buscamos que la misma rutina sea divertida.

También es sabido que a través del humor se aprende más, de manera sencilla y permanente.

¿Pero el Deporte o Juego implica algo más?; Denise McCluggage nos describe lo siguiente:

" Mi impresión es que quienes practican deportes se quejan menos de aquello que denominamos `la neura´ habitual moderna, esa especie de capacidad para estar insatisfecho pese a que el mundo cada día ofrece más y más oportunidades. Una de las razones para esto ha de ser que en su pequeño ritual se dan la oportunidad de expresar y vivir su energía, sus emociones, sus entusiasmos y al final de cuentas saben que en realidad nadie los está obligando; son sólo las reglas y las circunstancias del momento, elegidas por ellos mismos. Otra razón importante es que el deporte es una actividad meditativa. Durante la acción se está `metido´ únicamente en el momento, pendiente de sensaciones provenientes de afuera y de dentro del cuerpo pero sin intelectualizaciones, ni pensamientos del pasado o del futuro —y por qué no decirlo- ni siquiera del presente. No hay tiempo para estarse diciendo cosas, ni siquiera para hacerse comentarios acerca de como se está funcionando. En breve, sin " sin chicharreo" mental. Es un modo de centrarse en la realidad con el cuerpo y la mente, sólo que ahora son el cuerpo y la realidad los que tienen la última palabra mientras que la mente está presente en su silencio. Durante cientos de miles de años esta fue la condición central de la humanidad, un relacionarse con la realidad de la naturaleza sin diálogo ni reflexión. A veces se nos olvida que lo que sabemos de la historia de la humanidad equivale a un poco más del medio por ciento de toda la vida del hombre sobre la tierra - ¡y solemos creer que sabemos algo de la humanidad! " (2)

Todas estas sensaciones o vivir el presente, meditación en acción aunado al gozo que se esta inmerso en él. Es algo difícil de llegar y mantener ese estado. "Ello", por decirlo de una manera; son instantes fugaces en que la compenetración con lo que esta en derredor es una misma cosa y a la vez diferente.

Todo Jugador, que lo ha experimentado no puede expresarlo debido a que el Hemisferio Derecho es el que se hace cargo de la situación, aunado a que es un Estado de Consciencia No Ordinaria, pero que en nuestra niñez vivimos inmersos en ella. Y al crecer olvidamos que la hemos vivido o experenciado. Y tratamos de alcanzar, ya sea por medio de la Meditación, el Baile o cualquier otra actividad; en ocasiones no lográndolo.

Por esto, hemos desarrollado un pequeño paso en esa dirección; para re-encantar otra vez nuestro mundo, vivir esa experiencia de Clímax o Gozo; Iluminación o Estar en la Zona. Por medio de los siguientes ejercicios, que proponemos.

No son los únicos, son muchos los caminos en los que puede uno encontrar lo que busca; diferente maneras de despertar esa Espiritualidad en las actividades cotidianas. Redescubrir que nuestro mundo es misterioso; a través del Deporte es una manera más de caminar, y colaborar para optimizar nuestras capacidades.

Lo escrito en estas páginas, no es todo; es decir, en ocasiones una palabra dicha en el momento adecuado con la entonación y el lenguaje no verbal, congruente en una palabra, ayudan enormemente en el desenvolvimiento del Jugador. Por lo tanto es recomendable que tengas además de las personas que están cerca de ti, a un Psicólogo. Muchas cosas no se pueden decir, no por hacernos interesantes sino que este no es el medio ideal para transmitirlas; dentro de la comunicación escrita hacen falta el Lenguaje No Verbal.

Estos ejercicios son la base, eso es lo creemos nosotros. Esperamos que te ayude a mejorar.

...Mi mayor descubrimiento fue que el golf (y la vida) no es un juego que yo pudiera controlar que yo pudiera controlar ni dominar. En realidad, es un juego de dejar ser. El mayor enemigo de un jugador de golf no es el campo ni los otros jugadores; es esa voz que susurra en la cabeza: "no la vayas a lanzar al agua". Si logramos que esa voz sea nuestro mejor aliado y no el peor enemigo, las posibilidades se hacen ilimitadas...

Iluminación
Las siete lecciones del golf para el juego de la vida
Deepak Chopra

Capítulo XIII

Relajación

"Para generar una gran potencia –prosiguió, primero debes relajarte totalmente y reunir toda la fuerza, y después concentrar tu mente y toda tu fuerza en golpear el blanco.

El Zen en las Artes Marciales
Joe Hyams

Relajación de Jacobson

Como ocurre con cualquier actividad, también hay que aprender a relajarse. Esta técnica consiste en tensar deliberadamente los músculos que se contraen en una situación de ansiedad o temor para posteriormente relajarlos conscientemente. Para poder percibir la relajación hay que vivir primero la sensación de tensión conscientemente. Este ejercicio es de "relajación muscular progresiva" y fue desarrollado por Edmund Jacobson.

Postura de Relajación

Siéntate de tal forma que te encuentres cómodo (tiéndete de espalda, en flor de loto o seiza) . Luego tensa un grupo de músculos, tratando de identificar donde sientes mayor tensión. Sigue la siguiente secuencia:

1.-) Tensa los músculos lo más que puedas (si te es más fácil cuenta del 1 hasta el 3, siendo el 3 la máxima tensión y al llegar al mismo afloja o relaja el músculo) , y percibe la misma.

2.-) Relaja esos músculos y observa la sensación agradable al aflojar los mismos. Trata de disfrutar lo más que puedas la sensación.

Por último, cuando tenses una zona, debes mantener el resto del cuerpo relajado. Empecemos por la cara. Aprieta los ojos, tensa la boca, arruga la nariz, arruga la nariz, todo junto y si gustas cada parte por separado.

Comienza a relajarla despacio, notando como los músculos se van relajando y comienza a sentir la agradable sensación de falta de tensión en esos músculos. Relájalos por completo y recréate en la sensación de relajación total durante el tiempo que consideres mejor para ti. Haz la cabeza hacia atrás para tensar la coronilla, afloja y recréate en la sensación de bienestar.

Nota la diferencia entre las sensaciones. Aprieta con fuerza los dientes y recoge las comisuras hacia atrás. Relájate. Arruga los labios, relájalos. Procura que la tensión se mantenga durante unos cinco segundos y la relajación no menos de diez. Lleva suavemente la mandíbula hacia delante. Tal vez notes un ligero temblor, es normal. En la relajación, los músculos vuelven a distenderse. Ve relajando los músculos lentamente, concentrándote en la diferencia entre tensión y relajación y deléitate en esta última. Tensa el cuello

Seguidamente tensa sólo los músculos de tu brazo derecho, cierra la mano (aprieta el puño) y tensa con fuerza los músculos de la mano. Después, se tensan el brazo y el antebrazo. Nota como se relajan los músculos. Deja que surta efecto durante un tiempo al relajarse cada vez más la mano y el antebrazo derechos; ahora son totalmente ligeros.

Ahora tensa el pecho, los hombros y la parte superior de la espalda; para hacerlo, encoge los omóplatos hasta que casi se toquen. Relájate.

Tensa el muslo derecho. Puedes levantar ligeramente la pierna. Al tensarla pon los dedos del pie hacia arriba en dirección a la cabeza y gíralo ligeramente al interior e inclinándolos. Hazlo despacio y con precaución. Inicia el proceso de relajación.

Se procede de la misma manera con el lado izquierdo (mano, antebrazo, brazo, muslo, pierna y dedos) .

Posteriormente se tensa todo el cuerpo y se relaja; disfrutando la sensación lo más posible.

... Se dice de muchas disciplinas que el rendimiento máximo sólo puede conseguirse si no se hace un esfuerzo demasiado agotador para dominarlas...

**Supermente
Roger B. Yepsen**

Capítulo XIV

La Mirada al frente

"Mientras lo que hagas en el presente sea exactamente lo que estás haciendo en ese momento y nada más, eres uno contigo mismo y con lo que estás haciendo... y eso es el Zen, el hacer lo que estás haciendo en toda su plenitud."

El Zen en las Artes Marciales
Joe Hyams

Algo tan sencillo como caminar ofrece una maravillosa oportunidad para disfrutar de algunos momentos de sencilla conciencia-en-movimiento. Todos tenemos que dirigirnos hacia algún lado, hacia la tienda de la esquina o al supermercado, de excursión, hacia la parada del autobús o el tren ligero o metro; simplemente cuando estamos de vacaciones al visitar otras ciudades; aprovechemos esos instantes para hacer el siguiente ejercicio.

Observa como caminas (ritmo, velocidad, postura corporal [cabeza, brazos y piernas], etc.) ; centra tu atención de adentro hacia fuera o de afuera hacia adentro, como te sientas más cómodo. Camina de modo cadencioso, lento, rápido, al trote; con las manos cerradas, levantadas, los dedos semidoblados. Fija tu atención en el cuerpo, encuentra o siente la tensión; disfruta de la misma y permite que se vaya.

Disfruta caminar, que el cuerpo sienta el placer o gozo de hacerlo; lo haga de manera tan natural: simple, agradable, relajado y sensual. En otras palabras en Armonía y Equilibrio.

Y mientras realizas todo esto: Imagina tu atención que se dispara hacia todas partes: arriba, abajo, atrás, delante, a los lados, ubícala en tu cuerpo. Se consciente como tu atención pasa de una cosa a otra. ¿Dónde ves, oyes y sientes? Haz que de vueltas como una esfera.

Si te distraes, vuelve a hacerlo consciente. Pero, ahora agrégale el olor.

Pero lo más importante: Tú Mirada deberá estar por arriba del horizonte, los ojos deben estar mirando al frente.

¡No basta con saber algo,
hay que saber llevarlo a la práctica;
no basta con querer hacer
hay que hacerlo!
Goethe

Capítulo XV

Lado Izquierdo, Hemisferio Derecho

El poder de la mente es infinito, mientras que el del puro músculo es limitado.

Koichi Tohei

De todos es sabido que el cerebro tiene dos hemisferios: el derecho y el izquierdo. La mayoría de la población utiliza el lado derecho del cuerpo, es decir, gran parte de la gente utiliza la mano derecha para escribir o hacer infinidad de actividades; y el hemisferio que hace posible esto, es el hemisferio izquierdo.

Además nuestra educación resalta las cualidades que tiene el hemisferio izquierdo; algunas de las cuales son:

Secuencial, Lógico, Analítico, Racional, Verbal, Digital, y Lineal.

Esto no quiere decir, que nos olvidemos de las ventajas que nos da el uso del Hemisferio Izquierdo; sino que solamente hemos dado más valor a una sola parte de la Totalidad. Entonces enmendemos este error, a través del Deporte.

Lo cual hace que solamente utilicemos una parte del total de nuestro cerebro. En el Deporte no sería la excepción, lo cual hace que perdamos una oportunidad de poder utilizar lo más posible el cerebro; desarrollar y aprender también con el hemisferio derecho es recomendable. Ya que desarrollaríamos las siguientes habilidades:

Simultáneo, Espacial, Analógico, Gestalt, Sintético, Metafórico, Intuitivo y No Verbal.

Iniciaríamos con el lado Izquierdo de nuestro cuerpo al Jugar, si se es diestro; para los zurdos, iniciarían con el lado Derecho de su cuerpo. Para después poco a poco Integrar los dos Hemisferios.

Lo cual redundaría en una comprensión más completa de nuestro cuerpo, la propiopercepción; es decir, el conocimiento profundo de nuestro organismo, con respecto al ambiente, nuestros músculos y estado del mismo. Se realizarían más conexiones a nivel neuronal, o se encontraría nuevas formas de hacer lo mismo.

Se crearían insight o pequeños descubrimientos de que hacemos mal, en que nos equivocamos, de que manera o mejor aún, sabremos que hacer para mejorarnos a nosotros mismos.

Lo más importante, es iniciar nuestros ejercicios con el lado opuesto de nuestro cuerpo; si eres diestro, con el Izquierdo; y si eres siniestro, con el Derecho.

Capítulo XVI

Respiración

Fluye con cualquier cosa que pueda suceder y deja que tu mente quede libre. Mantente centrado aceptando cualquier cosa que estés haciendo. Eso es lo último.

Chuang-Tzu

De pie, con las piernas separadas unos 25 cm, los dedos de los pies ligeramente vueltos hacia dentro, y con unas polainas en los tobillos de un peso de ½, un kilo o hasta 2 kilos. Las rodillas deberían hallarse ligeramente dobladas. No debería recaer ningún peso en las manos; todo el peso del cuerpo se halla en los pies.

Lentamente dobla y endereza las rodillas seis veces, respirando con facilidad.

Dejar salir el vientre, al inspirar con lentitud y profundamente; que los pulmones empujen el diafragma hacia abajo (vientre salido), la parte media y alta de los mismos; retener unos segundos. Exhalar lentamente desde abajo, es decir, empujando el aire desde el vientre (apretarlo), y vaciar todo. Retener unos segundos. Reiniciar todo el ciclo, por espacio de unos segundos hasta alcanzar 10 minutos o lo que consideres adecuado. A mucha gente le resulta difícil hacer esto al principio.

Si se te facilita más, imagina que una niebla nos llena todo al inspirar y se vacía al exhalar. Lo que consideres más apropiado para ti.

Capítulo XVII

Meditación

El conocer a los demás es sabiduría; el conocerse a sí mismo es esclarecimiento.

Lao-Tzu

En la posición que te encuentres más cómodo: sentado, acostado bocarriba, en flor de Loto, en seiza (postura japonesa) ; lo más importante es que estés a gusto, relajado y en silencio, lo más silencioso que se pueda. Ya sea con los ojos cerrados o abiertos, como se te facilite más.

En la habitación o alguna parte de tu casa, oficina o gimnasio; donde se te facilite más. De preferencia viendo hacia la ventana o puerta, para que puedes ver más de allá de las 6 paredes. Empezando a notar tu respiración, inhalando y exhalando lenta y profundamente; o si lo prefieres, observando tus pensamientos, como entran o salen, como un río que fluye ininterrumpidamente, deja que así como vienen se vayan.

Después empiezas a notar o percibir tu cuerpo, pies, piernas, glúteos, abdomen, pecho, brazos, manos, cuello y cabeza; la postura y la tensión de los músculos. Trata de estar lo más relajado y atento que puedas.

Observas sobre tu cuerpo la luz, la temperatura, tu cuerpo en relación con el lugar en que estás, el espacio que tienes enfrente, atrás, a los lados, arriba, abajo. Y observas las paredes, los objetos que hay; simple y sencillamente observar.

Los sonidos que hay en el ambiente; pueden ser: el coche al pasar, los ladridos del perro, gente platicando, el motor del refrigerados o lavadora, etc. Los olores que te rodean.

Y como todo esto nos permite estar enfocados, alertas, relajados y concentrados.

La mente no debe estar en ninguna parte en particular

Takuan

Capítulo XVIII

Con los Ojos Vendados

Usted y su oponente son uno. Entre ustedes hay una relación coexistente. Usted coexiste con su oponente y se convierte en su complemento absorbiendo sus ataques y usando la fuerza de él para dominarlo.

Bruce Lee

Para iniciar, se recomienda que escojamos una habitación o lugar donde no se nos moleste y estar sentados completamente a oscuras. Si hay ventanas donde nos encontramos hay que bloquear la luz como se pueda, para estar completamente a oscuras. Sólo estar sentados, solos en silencio.

Después que nos acostumbremos, es deseable que con ayuda de 1 o 2 personas nos vendemos los ojos; que no se vea nada, absolutamente nada. Y empezar nuestra rutina de ejercicios. Dejar que las preguntas surjan; ¿qué estoy haciendo, con qué, para qué? ¿cómo lo estoy haciendo, cómo me siento, qué percibo, qué huelo, qué escucho? ¿mi cuerpo dónde está en relación a mí, las paredes, los compañeros, en relación a la habitación, mis manos, mis pies, mis brazos? ¿qué imágenes surgen, qué me indican, cómo me afectan, en relación a qué surge, mis pensamientos qué son, cómo, dónde?

Un sin fin de dudas surgirán; para poder estudiarlas y analizarlas con calma después de que hagas tus ejercicios; si lo crees conveniente detente cuantas veces sea necesario, y continua cuando te sientas a gusto.

Un arte marcial no se explica, se trabaja. Entender "con la cabeza" no es suficiente, hay que descubrir, solo, y "sentir" con todo el cuerpo. El movimiento debe surgir espontáneamente y no ser el resultado de una deducción.

Ninja
Yves Thelen

Capítulo XIX

¿Y el Inconsciente?

Para alcanzar la victoria debes meterte en la piel de tu oponente. Si no te comprendes a ti mismo, perderás el cien por ciento del tiempo. Si te comprendes a ti mismo, ganarás el cincuenta por ciento del tiempo. Si te comprendes a ti mismo y a tu oponente, ganarás el cien por ciento del tiempo.

Tsutomu Oshima

Bueno, tenemos ¿inconsciente? ; o somos ¿inconscientes?

Tendrá una utilidad, o podemos sacarle provecho para nuestro desarrollo del Juego; y si es así, ¿de qué manera?

Y, después de haber practicado los ejercicios anteriores descritos en este Libro; creo que a lo mejor ya sabes la respuesta. Pues podemos aprovechar al máximo nuestro inconsciente para que trabaje para nosotros. Al observarnos a nosotros mismo, de que manera hacemos, nos vemos y escuchamos; nos damos cuenta que nuestro Inconsciente nos dice cosas a su manera; es decir, el dolor que nos da en alguna parte de nuestro cuerpo es una manera de llamar la atención, la imagen que salta de repente dice demasiado para dejar que se vaya sin hablar con ella. El sonido que llega del exterior, a lo mejor hace que nos concentremos más y mejor; de manera que nosotros no entendemos pero podemos evocar esa sensación, imagen o sonido para hacer que mejoremos en nuestro rendimiento.

Es necesario apuntar inmediatamente después de ejercitarnos todo lo que pasa por nuestra mente o lo más importante para nosotros.

Para después con calma, ya sea solos o con ayuda de un amigo o persona de nuestra entera confianza; analizar la imagen, sonido o sensación:

Primero verbalizando lo que nos sucedió; después tratando de evocar la sensación, imagen o sonido tal como ocurrió cuando hacíamos el ejercicio o deporte; después ponernos en los zapatos de la imagen, sonido o sensación para saber el punto de vista de ella; que nos quiere decir o que significa particularmente para nosotros.

Después tomamos distancia y vemos la interacción, de nosotros y la imagen, sonido o sensación. Para armonizar y ver que más nos hace falta para llevar a la optimización. Es decir, sobresalir o de que manera llevar la situación para llegar al clímax que es a donde nos quiere llevar; o como se dice; "estar en la zona" o "la no-mente; el vacío; el satori, la evasión, estar-sin estar, partir-sin salir, relajado-alerta", un estado de armonía y equilibrio afuera-dentro sin diferencia; "estar en ello"; no hay palabras para poder describir cuando el Hemisferio Derecho se hace cargo de la situación.

Pero al tener la sensación uno se deja llevar, no hay nada que impida lo que en ese momento se haga. Una sensación placentera de gozo inmenso; de facilidad para usar y aprovechar el momento.

El Tiempo siempre presente eterno; podemos ver todo y nada a la vez. Enfocado a la actividad. No nada, solo sensación.

Puedo derrotar físicamente con o sin razón, pero sólo puedo derrotar tu mente con alguna razón.

Jim Lau

-¿Cuántas veces les he dicho que concentren toda la energía del cuerpo y de la mente en un blanco o meta específica cada vez? El secreto del kime (apretar la mente) es el de excluir todos los pensamientos extraños, los pensamientos que no tienen nada qué ver con el logro de la meta inmediata.

Más tarde, Bruce conversó a solas conmigo durante unos minutos.

-Un buen artista marcial pone la mente en una sola cosa cada vez –me dijo. Acepta cada cosa según viene, termina con ella y pasa a la siguiente. Como un maestro del Zen, a él no le preocupa el pasado ni el futuro, sino únicamente lo que hace en ese momento. Como su mente está en lo correcto, él está calmado y puede mantener fuerzas en reserva. Después habrá campo para sólo un pensamiento, el cual llenará todo su ser como el agua llena una jarra...

El Zen en las Artes Marciales
Joe Hyams

Anexos

Un hombre va al conocimiento como va a la guerra:
bien despierto, con miedo, con respeto y con absoluta confianza. Ir
de cualquier otra forma al conocimiento o a la guerra es un error, y quien
lo cometa puede correr el riesgo de no sobrevivir para lamentarlo.
Cuando un hombre ha cumplido estos cuatro requisitos
–estar bien despierto, y tener miedo, respeto y absoluta confianza–
no hay errores por los que deba rendir cuentas;
en tales condiciones,
sus acciones pierden la torpeza de las acciones de un necio. Si
un hombre así fracasa o sufre una derrota,
no habrá perdido más que una batalla,
y eso no le provocará lamentaciones lastimosas.

Cualquier cosa es un camino entre un millón de caminos. Por tanto,
un guerrero siempre debe tener presente que un camino es sólo un
camino;
si siente que no debería seguirlo, no debe permanecer
en él bajo ninguna circunstancia. Su decisión de
mantenerse en ese camino o de abandonarlo debe estar libre de miedo o
ambición. Debe observar cada camino
de cerca y de manera deliberada. Y hay un pregunta
que un guerrero tiene que hacerse,
obligatoriamente: ¿Tiene corazón este camino?
Todos los caminos son lo mismo:

no llevan a ninguna parte. Sin embargo,
un camino sin corazón nunca es agradable. En cambio,
un camino con corazón resulta sencillo:
a un guerrero no le cuesta tomarle gusto;
el viaje se hace gozoso; mientras un hombre lo sigue,
es uno con él.

La Rueda del Tiempo
Carlos Castaneda

Los cazadores de la Noche del Lunes

El instinto de la caza tiene [un] [...] origen remoto en la evolución de la raza. El instinto cazador y el de lucha se combinan en muchas manifestaciones [...] Puesto que el afán sanguinario de los seres humanos es una parte primitiva de nosotros, resulta muy difícil erradicarlo, sobre todo cuando se promete como parte de la diversión una pelea o una cacería.

William James
Psychology, **XXIV (1890)**

No podemos evitarlo. Cada año, al comenzar el otoño, las tardes de los domingos y las noches de los lunes abandonamos todo para contemplar las pequeñas imágenes en movimiento de 22 hombres que se acometen, caen, se levantan y dan patadas a un objeto alargado hecho con la piel de un animal. De vez en cuando, tanto los jugadores como los sedentarios espectadores son presa de arrebatos de éxtasis o de desesperación ante el desarrollo del partido. Por todo el territorio estadounidense, personas (casi exclusivamente hombres) con la mirada fija en la pantalla de cristal vitorean o gruñen al unísono. Dicho así parece, sin embargo, una estupidez, pero una vez que nos aficionamos a ello resulta difícil resistirse. Lo sé por experiencia.

Los atletas corren, saltan, golpean, tiran, lanzan, chutan, se agarran..., y es emocionante ver a seres humanos hacerlo tan bien. Luchan hasta caer al suelo. Se afanan en recoger o golpear con un palo o con el pie algo de color pardo o blanco que se mueve con rapidez.

En algunos juegos, tratan de dirigir esa cosa hacia lo que llaman "portería"; en otros, los participantes salen corriendo y luego vuelven a "casa". El trabajo en equipo lo es casi todo, y admiramos cómo encajan las diferentes partes para formar un conjunto maravilloso.

Ahora bien, la mayoría de nosotros no nos ganamos la vida con estas destrezas. ¿Por qué nos atrae tanto ver a otros correr o chutar? ¿Por qué es transcultural esta necesidad? (Los antiguos egipcios, los persas, los romanos, los mayas y los aztecas también jugaban a la pelota; el polo es de origen tibetano.)

Hay estrellas del deporte que ganan cincuenta veces el salario anual del presidente de Estados Unidos; los hay que, tras retirarse, consiguen ser elegidos para ocupar altos cargos. Son héroes nacionales. ¿Por qué exactamente? Existe aquí algo que trasciende la diversidad de los sistemas políticos, sociales y económicos. Algo muy antiguo.

La mayor parte de los principales deportes se hallan asociados con una nación o con una ciudad y son símbolo de patriotismo y de orgullo cívico. Nuestro equipo nos representa —en tanto pueblo- frente a otros individuos de algún lugar diferente, habitado por seres extraños y, quizás, hostiles. (Cierto que la mayoría de "nuestros" jugadores no son realmente "nuestros". Se trata de mercenarios que, sin reparo alguno, abandonan el equipo de una ciudad para ingresar en el rival: un jugador de los Pirates [piratas] de Pittsburg se convierte en miembro de los Angels [ángeles] de California; un integrante de los Padres de San Diego asciende a la categoría de miembro de los Cardinals [cardenales] de St. Louis; un Warrior [guerrero] de California es coronado como uno más de los Kings [reyes] de Sacramento. En ocasiones, todo un equipo emigra a otra ciudad.)

Una competición deportiva es un conflicto simbólico apenas enmascarado. No se trata de ninguna novedad. Los cherokee llamaban "hermano pequeño de la guerra" a su propia versión de **lacrosse***. Y ahí están las palabras de Max Rafferty, ex superintendente de instrucción pública de California, quien, tras calificar a los enemigos del fútbol americano universitario de "imbéciles, inútiles, rojos y melenudos extravagantes y charlatanes", llegó a decir: "Los futbolistas [...] poseen un espléndido espíritu combativo que es América misma." (Merece la pena reflexionar sobre la cuestión.)

A menudo se cita la opinión del difunto entrenador Vince Lombardi, quien afirmó que lo único que importa es ganar. George Allen, ex entrenador de los Redskins [pieles rojas] de Washington, lo expresó de esta manera: "Perder equivale a morir."

Hablamos de ganar y perder una guerra con la misma naturalidad con que se habla de ganar y perder un partido. En un anuncio televisivo del ejército norteamericano aparece un carro de combate que destruye a otro en unas maniobras, después de lo cual el jefe del vehículo victorioso dice: "Cuando ganamos, no gana una sola persona, sino todo el equipo." La relación entre deporte y combate resulta por demás clara. Los **fans** (abreviatura de "fanáticos") llegan a cometer toda clase de desmanes, incluso a matar, cuando se sienten vejados por la derrota de su equipo, se les impide celebrar la victoria o consideran que el árbitro ha cometido una injusticia.

En 1985, la primera ministra británica no pudo por menos que denunciar la conducta agresiva de algunos de sus compatriotas aficionados al fútbol, que atacaron a grupos de seguidores italianos por haber tenido la desfachatez de aplaudir a su propio equipo. Las tribunas se vinieron abajo y murieron docenas de personas. En 1969, después de tres encarnizados partidos de fútbol, carros de combate de El Salvador cruzaron la frontera de Honduras y bombarderos de aquel país atacaron puertos y bases militares de éste. En esta "guerra del fútbol", las bajas se contaron por millares.

Las tribus afganas jugaban al polo con las cabezas cortadas de sus enemigos, y hace 600 años, en lo que ahora es Ciudad de México, había un campo de juego donde, en presencia de nobles revestidos de sus mejores galas, competían equipos uniformados. El capitán del equipo perdedor era decapitado y su cráneo expuesto con los de sus antecesores (se trataba, probablemente, del más apremiante de los acicates).

Supongamos que, sin tener nada mejor que hacer, saltamos de un canal de televisión a otro sirviéndonos del mando a distancia y aparece una competición en la que no estemos emocionalmente interesados, como puede ser un partido amistoso de voleibol entre Birmania y Tailandia. ¿Cómo decide uno por qué equipo se inclina? Ahora bien, ¿por qué inclinarse por uno u otro, por qué no disfrutar sencillamente del juego? A la mayoría nos cuesta adoptar esta postura neutral. Queremos participar en el enfrentamiento, sentirnos partidarios de un equipo. Simplemente nos dejamos arrastrar y nos inclinamos por uno de los competidores: "¡Hala, Birmania!" Es posible que en un principio nuestra lealtad oscile, primero hacia un equipo y luego hacia el otro. A veces optamos por el peor. Otras, vergonzosamente, nos pasamos al ganador si el resultado es previsible (cuando en un torneo un equipo pierde a menudo suele ser abandonado por muchos de sus seguidores). Lo que anhelamos es una victoria sin esfuerzo. Deseamos participar en algo semejante a una pequeña guerra victoriosa y sin riesgos.

En 1996, Mahmoud Abdul-Rauf, base de los Nuggets [pepitas de oro] de Denver, fue suspendido por la NBA. ¿Por qué? Pues porque Abdul-Rauf se negó a guardar las supuestas debidas formas durante la interpretación prescriptita del himno nacional. La bandera de Estados Unidos representaba para él un "símbolo de opresión" ofensivo para su fe musulmana. La mayoría de los demás jugadores defendieron el derecho de Abdul-Rauf a expresar su opinión, aunque no la compartían. Harvey Araton, prestigioso comentarista deportivo de **The New York Times**, se mostró extrañado. Interpretar el himno nacional en un acontecimiento deportivo "es, reconozcámoslo, una tradición absolutamente idiota en el mundo de hoy", explicó, "al contrario de cuando surgió, al comienzo de los partidos de béisbol durante la Segunda Guerra Mundial, nadie acude a un acontecimiento deportivo como expresión de patriotismo". En contra de esto, yo diría que los acontecimientos deportivos tienen mucho que ver con cierta forma de patriotismo y de nacionalismo**.

Los primeros certámenes atléticos organizados de que se tiene noticia se celebraron en la Grecia preclásica hace 3.500 años. Durante los Juegos Olímpicos originarios las ciudades-estado en guerra hacían una tregua. Los Juegos eran más importantes que las contiendas bélicas. Los hombres competían desnudos. No se permitía la presencia de espectadoras. Hacia el siglo VIII a. de C., los Juegos Olímpicos consistían en carreras (muchísimas), saltos, lanzamientos diversos (incluyendo el de jabalina) y la lucha (a veces a muerte). Aunque pruebas individuales, son un claro antecedente de los modernos deportes de equipo.

También lo es la caza de baja tecnología. Tradicionalmente, la caza se considera un deporte siempre y cuando uno no se coma lo que captura (requisito de cumplimiento mucho más fácil para los ricos que para los pobres). Desde los primeros faraones, la caza ha estado asociada con las aristocracias militares. El aforismo de Oscar Wilde acerca de la caza británica del zorro, "lo indecible en plena persecución de lo incomible", expresa el mismo concepto dual. Los precursores del fútbol, el hockey, el rugby y deportes similares, eran desdeñosamente denominados "juegos de la chusma", pues se los consideraba sustitutos de la caza, vedada a aquellos jóvenes que tenían que trabajar para ganarse la vida.

Las armas de las primeras guerras tuvieron que ser útiles cinegéticos. Los deportes de equipo no son sólo ecos estilizados de antiguas contiendas, sino que satisfacen también un casi olvidado impulso cazador. Las pasiones que despiertan los deportes son tan hondas y se hallan tan difundidas que es muy probable que estén impresas ya no en nuestro cerebro, sino en nuestros genes. Los 10.000 años transcurridos desde la introducción de la agricultura no bastan para que tales predisposiciones se desvanezcan. Si queremos entenderlas, debemos remontarnos mucho más atrás.

La especie humana tiene centenares de miles de años de antigüedad (la familia humana, varios millones). Hemos llevado una existencia sedentaria —basada en la agricultura y en la domesticación de animales— sólo durante el último 3% de este periodo, el que corresponde a la historia conocida. En el 97% inicial de nuestra presencia en la Tierra cobró existencia casi todo lo que es característicamente humano. Así, un poco de aritmética acerca de nuestra historia sugiere que las pocas comunidades supervivientes de cazadores-recolectores que no han sido corrompidas por la civilización pueden decirnos algo sobre aquellos tiempos.

Vagamos con nuestros pequeños y todos los enseres a la espalda, siguiendo la caza, en busca de pozas. Por un tiempo, establecemos un campamento y luego partimos. Para proporcionar comida al grupo, los hombres se dedican principalmente a cazar y las mujeres a recolectar vegetales. Carne y patatas. Una típica banda nómada, por lo general formada por parientes, cuenta con unas pocas docenas de individuos; aunque anualmente muchos centenares de nosotros, con la misma lengua y cultura, nos reunimos para celebrar ceremonias religiosas, comerciar, concertar matrimonios y narrar historias. Hay muchas historias acerca de la caza.

Me concentro aquí en los cazadores, que son hombres. Ahora bien, las mujeres poseen un significativo poder social, económico y cultural.

Recogen bienes esenciales —nueces, frutos, tubérculos y raíces—, así como hierbas medicinales, cazan pequeños animales y proporcionan información estratégica sobre los movimientos de los animales grandes. Los hombres también dedican parte de su tiempo a la recolección y a las tareas "domésticas" (aunque no hay viviendas fijas). Pero la caza —sólo para alimentarse, nunca por deporte- es la ocupación permanente de todo varón sano.

Los chicos preadolescentes acechan con sus arcos y flechas de aves y pequeños mamíferos. Para cuando llegan a adultos ya son expertos en procurarse armas, en cazar, descuartizar la presa y llevar al campamento los trozos de carne. El primer mamífero grande cobrado por un joven señala la mayoría de edad de éste. En su iniciación, lo marcan en el pecho o en los brazos con incisiones ceremoniales y frotan los cortes con hierbas para que, cuando cicatricen, quede un tatuaje. Son como condecoraciones de campaña; basta observar su pecho para hacernos una idea de su experiencia en combate.

A partir de una maraña de huellas de pezuñas podemos deducir exactamente cuántos animales pasaron, la especie, el sexo y la edad, si alguno está lisiado, cuánto tiempo hace que cruzaron y a qué distancia se encuentran. Capturamos algunas piezas jóvenes en campo abierto mediante lazos, hondas, bumeranes o pedradas certeras. Podemos acercarnos con audacia y matar a estacazos a los animales que todavía no han aprendido a temer a los hombres. A distancias mayores, contra presas más cautelosas, lanzamos venablos o flechas envenenadas. A veces estamos de suerte y con una diestra acometida tendemos una emboscada a toda una manada o logramos que se precipite por un tajo.

Entre los cazadores resulta esencial el trabajo en equipo. Para no asustar a la presa, hemos de comunicarnos mediante el lenguaje de los signos. Por la misma razón, tenemos que dominar nuestras emociones; tanto el miedo como el júbilo resultan peligrosos. Nuestros sentimientos hacia la presa son ambivalentes. Respetamos a los animales, reconocemos nuestro parentesco, nos identificamos con ellos. Ahora bien, si reflexionamos demasiado acerca de su inteligencia o su devoción por las crías, si nos apiadamos de ellos, si los reconocemos en exceso como parientes nuestros, se debilitará nuestro afán por la caza; conseguiremos menos alimentos y pondremos en peligro a nuestra gente. Estamos obligados a marcar una distancia emocional entre nosotros y ellos.

Tenemos que considerar, pues, que durante millones de años nuestros antepasados varones fueron nómadas que lanzaban piedras contra las palomas, corrían tras las crías de antílope y las derribaban a fuerza de músculos, o formaban una sola línea de cazadores que gritando y corriendo trataban de espantar una manada de jabalíes verrugosos. Sus vidas dependían de la destreza cinegética y del trabajo en equipo. Gran parte de su cultura estaba tejida en el telar de la caza. Los buenos cazadores eran también buenos guerreros. Luego, tras un largo periodo —tal vez unos cuantos miles de siglos—, muchos varones iban a nacer con una predisposición natural para la caza y el trabajo en equipo. ¿Por qué? Porque los cazadores incompetentes o faltos de entusiasmo dejaban menos descendencia.

No creo que el modo de aguzar la punta de piedra de una lanza o de emplumar una flecha esté impreso en nuestros genes, pero apuesto a que sí lo está la atracción por la caza. La selección natural contribuyó a hacer de nuestros antepasados unos soberbios cazadores.

La más clara prueba del éxito del estilo de vida del cazador-recolector es el simple hecho de que se extendió por seis continentes y duró millones de años (por no mencionar las tendencias cinegéticas de primates no humanos). Estos números hablan con elocuencia.

Tales inclinaciones tienen que seguir presentes en nosotros después de 10.000 generaciones en las que matar animales fue nuestro valladar contra la inanición. Y ansiamos ejercerlas, aunque sea a través de otros. Los deportes de equipo proporcionan una vía.

Una parte de nuestro ser anhela unirse a una minúscula banda de hermanos en un empeño osado e intrépido. Podemos advertirlo incluso en los videojuegos y juegos de rol tan populares entre los varones preadolescentes y adolescentes. Todas las virtudes masculinas tradicionales —laconismo, maña, sencillez, precisión, estabilidad, profundo conocimiento de los animales, trabajo en equipo, amor por la vida al aire libre- eran conductas adaptativas en nuestra época de cazadores recolectores.

Todavía admiramos estos rasgos, aunque casi hemos olvidado por qué.

Al margen de los deportes, son escasas las vías de escape accesibles. En nuestros varones adolescentes aún podemos reconocer al joven cazador, al aspirante a guerrero: salta por los tejados, conduce una moto sin casco, alborota en la celebración de una victoria deportiva. En ausencia de una mano firme, es posible que esos antiguos instintos se desvíen un tanto (aunque nuestra tasa de homicidios sigue siendo aproximadamente la misma que la de los cazadores-recolectores supervivientes). Tratamos de que ese afán residual por matar no se vuelque en seres humanos, algo que no siempre conseguimos.

Me preocupa lo poderosos que pueden llegar a ser los instintos de la caza. Me inquieta que el fútbol de la noche del lunes no sea una vía de escape suficiente para el cazador moderno, tanto si viste mono de trabajo, pantalones vaqueros o traje de ejecutivo. Pienso en ese antiguo legado que prescribe no expresar nuestros sentimientos y mantener una distancia emocional frente a aquellos que matamos, y parte de la diversión del juego se esfuma.

Los cazadores-recolectores no solían representar un peligro para ellos mismos por varias razones: porque sus economías solían ser saludables

(muchos disponían de más tiempo libre que nosotros) ; porque, como nómadas, tenían escasas posesiones y apenas conocían el hurto y la envidia; porque consideraban la codicia y la arrogancia no ya males sociales, sino algo muy próximo a la enfermedad mental; porque las mujeres poseían un auténtico poder político y tendían a constituir una influencia estabilizadora y apaciguadora antes de que los chicos varones echaran mano de sus flechas envenenadas, y porque, cuando se cometía un delito serio –un homicidio, por ejemplo- era el grupo quien, colectivamente, juzgaba y castigaba.

Muchos cazadores-recolectores organizaron democracias igualitarias. No había jefes. No existía una jerarquía política o corporativa por la que soñar en ascender. No había nadie contra quien rebelarse.

Así pues, varados como estamos a unos cuantos centenares de siglos de donde deberíamos estar, y viviendo como vivimos, aunque no por culpa nuestra, una época de contaminación ambiental, jerarquía social, desigualdad económica, armas nucleares y perspectivas menguantes, con las emociones del pleistoceno pero sin las salvaguardias sociales de entonces, quizá pueda perdonársenos un poco de fútbol el lunes por la noche.

*Juego de origen canadiense en el que se utilizan raquetas de mango largo para atrapar, llevar o lanzar la pelota a la portería del adversario. (N. del T.)

**La crisis se resolvió cuando Abdul-Rauf accedió a cuadrarse durante la interpretación del himno, pero rezando en vez de cantar.

Equipos y Tótems

Los equipos asociados con ciudades tienen nombres: los Lions [leones] de Seibu, los Tigers [tigres] de Detroit, los Bears [osos] de Chicago. Leones, tigres y osos, águilas y págalos, llamas y soles... Tomando en consideración las diferencias ambientales y culturales, los grupos de cazadores-recolectores de todo el mundo ostentan nombres similares, a veces llamados tótems.

Durante los muchos años que pasó entre los !kung, bosquimanos del desierto de Kalahari, en Botswana, el antropólogo Richard Lee elaboró una lista de tótems típicos (véase columna derecha del cuadro), por lo general anteriores al contacto con los europeos. Los Pies Cortos son, en mi opinión, primos de los Red Sox [medias rojas] y los White Sox [medias blancas]; los Luchadores, de los Raiders [asaltantes]; los Gatos Monteses, de los Bengals [tigres de Bengala], los Cortadores, de los Clippers [esquiladores]. Lógicamente, existen diferencias según los distintos estadios tecnológicos y, quizás, el diverso grado de modestia, autoconocimiento y sentido del humor. Es difícil imaginar un equipo de fútbol americano que se llamara los Diarreas, los Charlatanes (sería mi favorito, pues estaría formado por hombres sin problemas de autoestima) o los Dueños (en este caso la gente pensaría de inmediato en los jugadores que lo integrasen, lo que causaría no poca consternación a los auténticos propietarios del club).

De arriba abajo se relacionan nombres "totémicos" dentro de las siguientes categorías: aves, peces, mamíferos y otros animales; plantas y minerales; tecnología; personas, indumentaria y ocupaciones; alusiones míticas, religiosas, astronómicas y geológicas, y colores.

Equipos de Baloncesto de la NBA de los Estados Unidos	Equipos de Fútbol americano de la liga nacional de Estados Unidos	Equipos de la pirmera división de béisbo deJaponl	Equipos de la primera división de béisbol de Estados Unidos	Nombres de grupos! kung
Halcones	Cardenales	Halcones	Arrendajos	Osos Hormigueros
Rapaces	Águilas	Golondrinas	Cardenales	Elefantes
Gamos	Halcones	Carpas	Oropéndolas	Jirafas
Toros	Cuervos	Búfalos	Mantarrayas	Impalas
Osos Grises	Págalos	Leones	Merlines'	Chacales
Lobos Grises	Delfines	Tigres	Cachorros	Rinocerontes
Avispas	Osos	Ballenas	Tigres	Antílopes
Pepitas de Oro	Tigres de Bengala	Estrellas de Mar	Serpientes de Cascabel	Gatos Monteses
Esquiladores	Picos	Bravos	Expos	Hormigas
Calor	Broncos	Luchadores	Bravos	Piojos
Pistones	Potros	Marinos	Cerveceros	Escorpiones
Cohetes	Jaguares	Dragones Gigantes	Regateros	Tortugas
Espuelas	Leones	Oriones	Indios	Melones Amargos
Supersónicos	Panteras	Ola Azul	Gemelos	Raíces Largas

Jinetes	Arietes	Yanquis	Raíces Medicinales
Celtas	Reactores	Medias Rojas	Enyugados
Reyes	Bucaneros	Medias Blancas	Cortadores
Antiguos Holandeses	Corceles	Atletas	Charlatanes
Inconformistas	Adalides	Metropolitanos	Fríos
Lacustres	Vaqueros	Reales	Diarreas
Encestadores	Los del 49	Filadelfienses	Luchadores Miserables
Trotadores	Petroleros	Piratas	Luchadores
Los del 76	Embaladores	Marineros	Dueños
Pioneros	Patriotas	Batidores	Penes
Guerreros	Asaltantes	Gigantes	Pies Cortos
Jazz	Pieles Rojas	Ángeles	
Mágicos	Santos	Padres	
Soles	Metalúrgicos	Astros	
Brujos	Vikingos	Rocosos	
	Gigantes	Rojos	
	Pardos		

(3)

..., el ninjutsu debe ignorar una reducción parecida, pues por esencia escapa a toda condición prefijada.

Es como Vía filosófica de mejoramiento de sí mismo y por lo tanto como una búsqueda de la verdadera Paz a través de las prácticas guerreras como debemos tomarlas.

... El arte es siempre enojoso, apasionante, es cierto, pero hay que sembrar durante años para, a menudo, no recolectar nada de lo que al principio dábamos por descontado...

Una dama le dijo a un artista: "¡Maestro, daría mi vida por tocar como usted!", y este le contestó: "Señora, ¡esto es precisamente lo que hago!"

El arte marcial debe ser movimiento y disponibilidad natural, a imagen y semejanza del combate y la vida.

Sin embargo, el guerrero debe aspirara Fu Do Chin, la sabiduría inmóvil. Ello no significa que el cuerpo y el pensamiento estén bloqueados por una expectativa o una determinada acción, sino que, sin apegarse a nada en particular, están incluso libres en la acción.

Como reza la sentencia zen: "Para alcanzar la verdad completa, no preocuparos ni de lo verdadero ni de lo falso, lo justo o injusto, el bien o el mal. Los conflictos de ideas constituyen la enfermedad del espíritu".

... ¡Pero no olvidemos que el gesto apropiado es aquel que carece de intención!

Es preciso querer, conscientemente, liberarse de la conciencia. No ambicionar el éxito o el dominio, sino dejar que cada acción se despliegue como si escapara a nuestra voluntad y adquiriera una existencia autónoma. "Es la voluntad demasiado tensa en pos de un fin la que es un obstáculo", decía Awa, el gran Maestro de tiro con arco...

En este momento estamos en una encrucijada en la que nos toca elegir cuál será nuestra vía. Hemos tenido que decidirnos ya entre el deporte de combate o el arte marcial; tenemos que optar –más tarde o más temprano- entre la Vía del guerrero que nunca descuida las contingencias materiales, la realidad permanente del combate que es la vía, y la búsqueda mística, interior, hacía la iluminación que autoriza, al final de su camino, el abandono de toda práctica, como el peregrino que al final de su viaje tira su bastón ya inútil.

¡Qué contraste con esos viejos Maestros japoneses –pensemos en los kendokas de más de ochenta años- que se enfrentan en el atento silencio del estadio; la gran seriedad de los desplazamientos, la gran concentración, la espera inmóvil... Un largo kiai: el shinai ha sido derrotado! ¡Se terminó! Vencedor o vencido, ambos extraen un beneficio del encuentro: el honor de haber podido medirse con el otro, la atmósfera común mucho más importante que el triunfo personal, ¡el simple placer de estar todavía allí!

Ninja
Yves Thelen

La Aptitud Magistral

Flujo: la neurobiología de la excelencia

Un compositor describe los momentos en que su trabajo alcanza el punto óptimo:

Uno mismo se encuentra en un estado extático hasta el punto de que siente que casi no existe. He experimentado esto una y otra vez. Mi mano parece desprovista de mi propio ser, y yo no tengo nada que ver con lo que está sucediendo. Simplemente me quedo sentado, en un estado de admiración y desconcierto. Y todo fluye por sí mismo.

Su descripción es notablemente parecida a las de cientos de hombres y mujeres diversos —alpinistas, campeones de ajedrez, cirujanos, jugadores de básquet, ingenieros, gerentes e, incluso, archivistas- cuando hablan de una época en la que se superaban ellos mismos en alguna actividad preferida. El estado que describen recibe el nombre de "flujo" en los trabajos de Mihaly Csikszentmihalyi, el psicólogo de la Universidad de Chicago que ha reunido durante dos décadas de investigación estos testimonios de desempeño óptimo. Los atletas conocen este estado de gracia como "la zona", en la que la excelencia no requiere ningún esfuerzo, la multitud y los competidores desaparecen, felizmente absorbidos por ese momento. Diane Roffe-Steinrotter, que obtuvo una medalla de oro en esquí en los Juegos Olímpicos de Invierno de 1994, dijo al concluir su participación en una carrera de esquí que no recordaba nada salvo estar inmersa en la relajación: "Me sentía como una cascada". Ser capaz de entrar en el así llamado flujo es el punto óptimo de la inteligencia emocional; el flujo representa tal vez lo fundamental en preparar las emociones al servicio del desempeño y el aprendizaje. En el flujo, las emociones no sólo están contenidas y canalizadas, sino que son positivas, están estimuladas y alineadas con la tarea inmediata. Quedar atrapado en el aburrimiento de la depresión o en la agitación de la ansiedad significa quedar excluido del flujo. Sin embargo, el flujo (o un microflujo más tenue) es una experiencia que casi todo el mundo tiene de vez en cuando, sobre todo cuando alcanza el desempeño óptimo o llega más allá de sus límites iniciales. Tal vez queda mejor captado por el extático acto amoroso, la fusión de dos seres en uno fluidamente armonioso.

Esa es una experiencia magnífica: el sello del flujo es una sensación de deleite espontáneo, incluso de embeleso. Debido a que el flujo provoca una sensación tan agradable, es intrínsecamente gratificante. Es un estado en el que la gente queda profundamente absorta en lo que está haciendo, dedica una atención exclusiva a la tarea y su conciencia se funde con sus actos. En efecto, reflexionar demasiado sobre lo que está ocurriendo interrumpe el flujo; el sólo pensar "estoy haciendo esto maravillosamente bien" puede interrumpir la sensación de flujo. La atención queda tan concentrada que la persona sólo es consciente de la estrecha gama de percepción relacionada con la tarea inmediata y pierde la noción de tiempo y espacio. Un cirujano, por ejemplo, recordó una desafiante operación durante la cual se encontraba en ese estado de flujo; cuando concluyó la operación vio un montón de cascotes en el suelo de la sala de operaciones y preguntó qué había ocurrido. Quedó sorprendido al enterarse de que mientras él estaba tan concentrado en la operación, se había derrumbado parte del techo... Y él no se había dado cuenta de nada.

El flujo es un estado de olvido de sí mismo, lo opuesto a la cavilación y la preocupación: en lugar de quedar perdida en una nerviosa preocupación, la persona que se encuentra en un estado de flujo está tan absorta en la tarea que tiene entre manos que pierde toda conciencia de sí misma y abandona las pequeñas preocupaciones —la salud, las cuentas, incluso la preocupación por hacer las cosas bien- de la vida cotidiana. En este sentido, el estado de flujo se caracteriza por la ausencia del yo. Paradójicamente, la persona que se encuentra en este estado muestra un perfecto control de lo que está haciendo y sus respuestas guardan perfecta sintonía con las exigencias cambiantes de la tarea. Y aunque la persona alcanza un desempeño óptimo mientras se encuentra en este estado, no le preocupa cómo está actuando ni piensa en el éxito o en el fracaso: lo que la motiva es el puro placer del acto mismo.

Existen varias maneras de alcanzar el estado de flujo. Una es concentrarse intencionadamente en la tarea a realizar; la concentración elevada es la esencia del estado de flujo. A las puertas de esta zona parece existir un circuito de retroalimentación: serenarse y concentrarse lo suficiente para comenzar la tarea puede exigir un esfuerzo considerable, y este primer paso exige cierta disciplina. Pero una vez que la concentración empieza a consolidarse, exige una fuerza propia que ofrece al mismo tiempo el alivio de la turbulencia emocional y hace que la tarea resulte fácil.

La entrada en esta zona también puede producirse cuando la persona encuentra una tarea para la que tiene habilidades y se compromete en ella a un nivel que en cierto modo pone a prueba su capacidad. Como me comentó Csikszentmihalyi, "la gente parece concentrarse mejor cuando las exigencias son un poco mayores de lo habitual, y son capaces de dar más de lo habitual. Si se le exige demasiado poco, la gente se aburre. Si tiene que ocuparse de demasiadas cosas, se vuelve ansiosa. El estado de flujo se produce en esa delicada zona entre el aburrimiento y la ansiedad".

El placer espontáneo, la gracia y la efectividad que caracterizan al estado de flujo son incompatibles con los asaltos emocionales, en los que el ataque límbico se apodera del resto del cerebro. La calidad de atención durante el estado de flujo es relajada aunque sumamente concentrada. Se trata de una intensidad muy distinta del esfuerzo que hacemos para prestar atención cuando estamos cansados o aburridos o cuando nuestra concentración se ve acosada por sentimientos inesperados como la ansiedad o la ira.

El estado de flujo carece de estática emocional, salvo por un sentimiento irresistible y sumamente motivador de suave éxtasis. Ese éxtasis parece ser un producto derivado de la atención, que es un prerrequisito del estado de flujo. En efecto, la literatura clásica de las tradiciones contemplativas describe estados de ensimismamiento que se viven como pura beatitud: un estado de flujo inducido exclusivamente por la concentración intensa.

Al observar a alguien que se encuentra en estado de flujo se tiene la impresión de que lo difícil resulta fácil; el desempeño óptimo parece natural y corriente. Esta impresión es comparable con lo que ocurre dentro del cerebro, donde se repite una paradoja similar: las tareas más desafiantes se realizan con un gasto mínimo de energía mental. En el estado de flujo, el cerebro está "fresco", su excitación e inhibición del circuito nervioso está en sintonía con la exigencia del momento. Cuando la persona está ocupada en una actividad que capta y retiene su atención sin esfuerzo, su cerebro se "tranquiliza" en el sentido de que se produce una disminución de la excitación cortical. Ese descubrimiento es notable, teniendo en cuenta que el estado de flujo permite a la persona emprender las tareas más desafiantes en un campo determinado, ya sea jugar contra un maestro del ajedrez o resolver un complejo problema de matemáticas. Se supone que esas tareas desafiantes exigirían más actividad cortical, no menos. Pero una clave del estado de flujo es que se produce sólo cuando la capacidad está en su apogeo, las habilidades están bien ensayadas y los circuitos nerviosos son absolutamente eficientes.

Una concentración esforzada —alimentada por la preocupación— produce un aumento de la activación cortical. Pero la zona del estado de flujo y del desempeño óptimo parece ser un oasis de la eficiencia cortical, con un gasto mínimo de energía mental. Esto tiene sentido, tal vez, en función de la práctica especializada que permite a la persona alcanzar el estado de flujo: haber dominado los pasos de una tarea, ya sea una actividad física como el alpinismo o una actividad mental como la programación de computadoras, significa que el cerebro puede ser más eficiente para realizarlas. Los movimientos bien practicados exigen mucho menos esfuerzo cerebral que aquellos que simplemente se aprenden, o que aquellos que aún resultan demasiado difíciles. Asimismo, cuando el cerebro trabaja menos eficazmente debido a la fatiga o a los nervios, como ocurre al final de un largo día de tensión, la precisión del esfuerzo cortical queda desdibujada y quedan activadas demasiadas áreas superfluas: un estado nervioso experimentado como algo sumamente confuso. Lo mismo ocurre con el aburrimiento. Pero cuando el cerebro funciona en su punto óptimo de eficiencia, como en el estado de flujo, existe una relación precisa entre las zonas activas y las exigencias de la tarea. En este estado, incluso el trabajo difícil puede resultar refrescante o reparador en lugar de agotador.

Aprendizaje y flujo:
un nuevo modelo de educación

Debido a que el estado de flujo surge en la zona en que una actividad desafía a la persona a desarrollar el máximo de sus capacidades, a medida que sus habilidades aumentan, la entrada en el estado de flujo supone un desafío más elevado. Si una tarea es demasiado sencilla, resulta aburrida; si supone un desafío demasiado grande, el resultado es la ansiedad en lugar del estado de flujo. Se puede argumentar que el dominio de un arte o una habilidad se ve estimulado por la experiencia del estado de flujo; que la motivación para mejorar cada vez más en algo —ya sea tocar el violín, bailar o manipular genes— es al menos en parte permanecer en estado de flujo mientras se desarrolla la tarea. De hecho, en un estudio llevado a cabo con doscientos artistas dieciocho años después de que salieran de la escuela de arte, Csikszentmihalyi descubrió que los que se habían convertido en pintores serios eran aquellos que en su época de estudiantes habían disfrutado del deleite que les proporcionaba el hecho de pintar. Los que en la escuela de arte se habían sentido motivados por sueños de fama y riquezas, en su mayor parte abandonaban el arte después de graduarse.

Csikszentmihalyi concluye: "Los pintores deben sentir deseos de pintar por encima de todas las cosas. Si el artista que está delante del lienzo empieza a preguntarse por cuánto lo venderá, o qué pensarán los críticos de su obra, no logrará seguir un camino original. Los logros creativos dependen de la inmersión en un único objetivo".

Así como el estado de flujo es un prerrequisito para el dominio de un oficio, una profesión, o un arte, lo mismo ocurre con el aprendizaje. Los alumnos que alcanzan el estado de flujo mientras estudian se desempeñan mejor, al margen del potencial que indiquen los tests. Los alumnos de una escuela secundaria especial de Chicago dedicada a las ciencias —que habían alcanzado el puntaje máximo en una prueba de habilidad matemática— fueron calificados por sus profesores como alumnos con alto o bajo rendimiento. Después se estudió la forma en que esto alumnos empleaban su tiempo: cada alumno llevaba un beeper que sonaba al azar durante el día, momento en el cual debía anotar lo que estaba haciendo y cuál era su estado de ánimo. No es sorprendente que los alumnos de bajo rendimiento pasaran sólo quince horas semanales estudiando en casa, y sus compañeros de alto rendimiento dedicaran veintisiete horas en el mismo período. Los de bajo rendimiento pasaban la mayor parte de las horas en las que no estudiaban en actividades sociales, frecuentando a sus amigos y a su familia.

Cuando se analizaron sus estados de ánimo, surgió una conclusión reveladora. Tanto los de alto como los de bajo rendimiento pasaban gran parte de la semana aburridos con actividades como ver televisión, que no suponía ningún desafío a sus habilidades. Después de todo, así son gran parte de los adolescentes. Pero la diferencia clave estaba en su experiencia con respecto al estudio. Para los de alto rendimiento, estudiar les proporcionaba el agradable y absorbente desafío del estado de flujo durante el 40% de las horas que dedicaban a ello. Pero para los de bajo rendimiento, el estudio les permitía acceder al estado de flujo sólo el 16% de las veces; en la mayor parte de los casos, provocaba ansiedad y las exigencias superaban sus capacidades. Los de bajo rendimiento encontraban placer y estado de flujo en la socialización, no en el estudio. En resumen, los alumnos que alcanzan el nivel de su potencial académico y algo más, se ven atraídos al estudio con mayor frecuencia porque este los coloca en estado de flujo. Lamentablemente, al no lograr agudizar las habilidades que podrían llevarlos al estado de flujo, los de bajo rendimiento pierden el deleite del estudio y al mismo tiempo corren el riesgo de limitar el nivel de las tareas intelectuales que les resultarán agradables en el futuro.

Howard Gardner, el psicólogo de Harvard que desarrolló la teoría de las inteligencias múltiples, considera el estado de flujo y los estados positivos que lo caracterizan como parte de la forma más saludable de enseñar a los chicos, motivándolos desde el interior más que amenazándolos u ofreciéndoles una recompensa. "Deberíamos utilizar los estados positivos de los niños para incitarlos a aprender en los campos donde ellos puedan desarrollar sus capacidades", me explicó Gardner. "El estado de flujo es un estado interno que significa que un niño está ocupado en una tarea adecuada. Uno debe encontrar algo que le guste y ceñirse a eso. Es el aburrimiento en la escuela lo que hace que los chicos peleen y alboroten, y la sensación abrumadora de un desafío lo que les provoca ansiedad con respecto a la tarea escolar. Pero uno aprende de forma óptima cuando tiene algo que le interesa y obtiene placer ocupándose de ello."

La estrategia utilizada en muchas de las escuelas que están poniendo en práctica el modelo de Gardner de las inteligencias múltiples, gira en torno a la identificación del perfil de las capacidades naturales de un niño y al aprovechamiento de sus puntos fuertes así como al intento de apuntalar sus debilidades. Un niño que posee talento natural para la música o el movimiento, por ejemplo, entrará en el estado de flujo más fácilmente en esa esfera que en aquellas para las que es menos capaz. Conocer el perfil de un niño puede ayudar al maestro a sintonizar la forma en que se presenta el tema y se ofrecen lecciones al que nivel más probablemente proporcionará un desafío óptimo, desde el correctivo hasta el sumamente avanzado. Esto hace que el aprendizaje resulte más placentero, en lugar de atemorizante o aburrido. "Lo que se espera es que cuando los chicos alcancen el estado de flujo gracias al aprendizaje se sentirán estimulados a aceptar desafíos en nuevas áreas", afirma Gardner, y añade que la experiencia sugiere que las cosas son así.

En un sentido más general, el modelo del estado de flujo sugiere que, idealmente, alcanzar el dominio de una habilidad o un conjunto de conocimientos debería ocurrir con naturalidad, mientras el niño es atraído a aspectos que lo comprometen espontáneamente y que, en esencia, son de su agrado. Esa pasión inicial puede ser la semilla de elevados niveles de realización, mientras el niño llega a comprender que dedicarse a ese campo —ya sea la danza, las matemáticas o la música- es una forma de experimentar la dicha que proporciona el estado de flujo. Y dado que es necesario forzar los límites de la propia capacidad para sustentar el estado de flujo, esto se convierte en un motivador esencial para hacer las cosas cada vez mejor; con lo cual el niño se siente feliz. Esto, por supuesto, es un modelo más positivo de aprendizaje y educación del que la mayoría de nosotros encontramos en la escuela. ¿Quién no recuerda que la escuela, al menos en parte, significaba interminables horas de aburrimiento matizadas por momento de gran ansiedad? Buscar el estado de flujo a través del aprendizaje es una forma más humana, más natural y muy probablemente más eficaz de ordenar las emociones al servicio de la educación.

Esto habla del sentido más general en que canalizar las emociones hacia un fin productivo es una aptitud magistral. Controlar el impulso y postergar la gratificación, regular nuestros estados de ánimo para que faciliten el pensamiento en lugar de impedirlo, motivarnos para persistir y seguir intentándolo a pesar de los contratiempos, o encontrar maneras de alcanzar el estado de flujo y así desempeñarnos más eficazmente, todo esto demuestra el poder de la emoción para guiar el esfuerzo efectivo. (4)

Tao del Jeet Kune Do

Un sacerdote taoista
Dentro de un alma absolutamente libre
De pensamientos y emociones
Ni siquiera el tigre encuentra espacio
Para clavar sus fieras garras.

Si la misma brisa pasa
Sobre los pinos en la montaña
Sobre los robles en el valle;
¿Por qué dan un sonido diferente?

Ningún pensamiento, ninguna reflección,
Perfecta vacuidad;
Sin embargo dentro algo se mueve,
Siguiendo su propio curso.

El ojo la ve,
Pero las manos no pueden apresarle
La luna en la corriente.

Nubes y brumas
Son transformaciones medioambientales
Por encima de ellas, eternamente brilla el Sol y la Luna.

La victoria es para aquel,
Que incluso antes del combate
No tenga pensamientos sobre sí mismo,
Y que more en la no-consciencia del Gran Origen.

El Tao del Jeet Kune Do
Bruce Lee

Mushin:

deje que su mente fluya

Después de un vigoroso entrenamiento bajo el sol, Bruce Lee y yo estábamos tomando jugo de frutas en el jardín, él se veía calmado y a mí me pareció un buen momento para hacerle una pregunta que desde hacía tiempo tenía en mente.

—¿Qué sucedería en un combate real —le pregunté— en el que te vieras obligado a pelear por tu vida? ¿Cómo responderías y qué harías?

Bruce se puso serio, dejó su vaso en la mesa y ahuecó las manos bajo el mentón, señal de que estaba considerando cuidadosamente mi pregunta.

—Con frecuencia he pensado en eso —dijo al fin. Si fuera un combate de verdad, estoy seguro de que lastimaría a mi asaltante lo más posible... quizá lo mataría. Si sucediera eso y me viera obligado a que un tribunal me enjuiciara, me declararía irresponsable de mis actos. Diría que yo había respondido a un ataque sin estar plenamente consciente. Que "ello" lo había matado, no yo.

—¿Qué quieres decir con "ello"? —interrogué.

—"Ello" es cuando actúas sin estar plenamente consciente, cuando simplemente actúas. Como cuando me arrojas una pelota y yo, sin pensarlo, levanto las manos y la atrapo. O como cuando un niño o un animal sale corriendo frente a tu automóvil y, automáticamente, tú aplicas los frenos. Cuando me lanzas un golpe, yo lo intercepto y contesto con otro, pero sin pensarlo. "Ello" simplemente sucede.

Notó que estaba yo intrigado y se echó a reír.

—Esto es algo más para ese libro que siempre estás diciendo que vas a escribir —agregó. "Ello" es un estado mental al que los japoneses llaman **mushin**, lo cual, literalmente, quiere decir "no-mente". Según los maestros del Zen, el **mushin** entra en acción cuando el actor se separa de la actuación y ningún pensamiento interfiere con la acción, porque el acto inconsciente está de lo más libre y sin inhibiciones. Cuando el mushin está en funcionamiento, la mente pasa de una actividad a otra, fluyendo como una corriente de agua y llenando todos los huecos.

-¿Y cómo adquiere uno ese estado de no-mente? —pregunté.

-Sólo por medio de práctica y más práctica, hasta que puedas hacerlo sin un esfuerzo consciente. Entonces, tus reacciones se vuelven automáticas.

-Voy a mi oficina por una grabadora —dije.

-Muy bien —dijo Bruce. Mientras tanto, yo voy al auto a traer un libro.

Cuando regresé al jardín, Bruce tenía frente a él un volumen que se veía muy gastado. Era un libro cuyo autor había sido el gran maestro de Zen y famoso espadachín, Takuan, quien fue uno de los primeros en aplicar la psicología al arte de combatir con la espada. Bruce abrió el libro y empezó a leer en voz alta:

"La mente siempre debe estar en el estado de 'estar fluyendo' porque, cuando se detiene en cualquier parte, eso significa que el flujo se ha interrumpido, y esta interrupción es nociva para el bienestar de la mente. En el caso del espadachín, significa la muerte.

"Cuando el espadachín se enfrenta a su oponente, no debe pensar en él, ni en sí mismo ni en los movimientos de la espada de su enemigo. Él simplemente está ahí con su espada que, exenta de toda técnica, está lista solamente para seguir los dictados del inconsciente. El hombre se ha superado a sí mismo como esgrimidor de la espada. Cuando golpea, no es el hombre, sino la espada en la mano del inconsciente, la que golpea".

Bruce hizo una pausa.

-¿Comprendes ahora lo que quiero decir con "ello"?

Comprendí el concepto intelectualmente, pero tuvieron que pasar años para que lo comprendiera en toda su profundidad. Después de muchos meses de practicar un movimiento particular de wing-chun con Jim Lau, llegó un día en que el codo voló hacia arriba súbitamente, sin ningún pensamiento consciente.

-Muy bien —dijo Jim. Ni siquiera lo pensaste, pero tu **bong-sao** fue perfecto.

Con el tiempo, muchos otros de mis movimientos sencillamente ocurrían en forma correcta. El mushin estaba empezando a funcionar. Comprendí que estaba dejando fluir mi mente en vez de confinarla en los pensamientos acerca de lo que estaba haciendo. Mis respuestas se estaban volviendo instintivas e inmediatas... el resultado de largas horas de práctica y de la confianza en el maestro y en sus enseñanzas.

Poco después de que pensé que ya había aprendido el mushin, entré a la estera para otro encuentro de wing-chun lleno de confianza, seguro de que era yo, si no invencible, por lo menos formidable. El "ello" estaba listo para funcionar para mí.

Sin embargo, desde el principio mismo las cosas empezaron a pintarme mal; mi oponente se anotó fácilmente un tanto mientras yo esperaba que el "ello" apareciera, lo cual nunca sucedió. Mientras más pensaba en el "ello", más confundido me sentía.

Cuando le conté a Jim Lau lo de mi derrota, él se echó a reír.

—Pensaste que habías aprendido la lección —dijo— y luego, al igual que todos, te olvidaste del espíritu de la lección. Tú mismo te bloqueaste. Cuando éstas pensando en demostrar tu habilidad o en derrotar a tu oponente, tu conciencia de ti mismo interferirá con tu desempeño y cometerás errores. Tiene que haber la ausencia de sensación de lo que estás haciendo. La autoconciencia debe subordinarse a la concentración. La mente debe moverse libremente y responder a cada situación inmediatamente para que tu propia conciencia no se vea implicada.

"Por ejemplo, si tienes miedo, tu mente se congelará, el movimiento se detendrá y serás derrotado. Si tu mente está fija en la victoria o en derrotar a tu oponente, no podrás funcionar automáticamente. Debes permitir que tu mente flote en entera libertad. En el instante en que estés consciente de que buscas la armonía y hagas un esfuerzo por obtenerla, ese mismo pensamiento interrumpe el flujo y la mente queda bloqueada.

"Ahora tienes ya la clave del antiguo acertijo Zen: `Cuando lo buscas, no puedes encontrarlo´.

"Tu mente se detendrá invariablemente si diriges tu atención al pensamiento del ataque o la defensa. Esos pensamientos crean una apertura llamada un suki, un intervalo, y le dan a tu oponente la ventaja porque no puedes responder lo suficientemente aprisa para contrarrestar su movimiento."

—¿Y cómo puedo desbloquear el bloqueo? —interrogué.

—Lo peor que se puede hacer es tratar de bloquear el bloqueo. Lo mejor que hay qué hacer es simplemente aceptarlo cuando ocurre. Descubrirás que, generalmente, se disuelve él mismo.

—¿No hay ninguna otra manera de desbloquear mis pensamientos?

—Sí —repuso Jim. Prosigue con tu entrenamiento para que actúes inconscientemente en lugar de intelectualmente.

—Hemos llegado de nuevo al mushin —dije.

—Así es —confirmó él. ¿Has notado alguna vez con qué sencillez se desempeña un atleta profesional? El entrenamiento y la práctica toman el lugar del esfuerzo consciente y eso es lo que el atleta hace. Estoy seguro de que Jimmy Connors no piensa en golpear la pelota de tenis más de lo que a Arnold Palmer le preocupa el dirigir bien la pelota de golf. Ellos simplemente se proveen. Los esquiadores siente el terreno sobre el que están y, cuando les es necesario hacer un ajuste, éste es automático, sin pensarlo... es mushin.

(5)

La célebre sentencia del Maestro de Kendo, Takano Sazaburo, "No venzas tras haber golpeado, sino que golpea después de haber vencido", expresa claramente que el gesto decisivo no es más que el resultado de otro combate más fundamental que se despliega en uno mismo.

"En cuanto a lo que se refiere a encontrar en otra persona aquel que podéis considerar como Maestro y que es capaz de acompañaros en la Vía, es un tema delicado; es preciso en verdad que escuchéis al Maestro interior, esta voz en nosotros que está más allá de la conciencia. Según mi punto de vista, el Maestro es aquel que despierta al Maestro en otro".

"No existe el ataque en el karate", escribió el Maestro Funakoshi, y el Maestro Deshimaru: "No hay que desenvainar el sable, pues si deseáis matar a alguien debéis morir".

... Ésta es la única victoria: olvidarse a sí mismo, aceptar la idea de la muerte y no perseguir ninguna meta; vivir únicamente el instante para actuar instantáneamente...

En un primer momento, el budoka o el ninja persigue un objeto exterior a él: vencer al adversario, alcanzar el centro de la diana o la admiración de los que están en su entorno... En un segundo tiempo descubre que el objeto de su estudio es él: dominar su miedo, su ki, y conseguir la unión cuerpo-espíritu... En una tercera instancia, toda ambición tiende a deshacerse: el trabajo no tiene objeto. Únicamente queda la armonía del universo en el que se integra la acción individual.

Si bien el ninjutsu no es ni un deporte ni una técnica o un arte determinados, podemos quizá definirlo como la filosofía de la acción, el arte de vivir, de sobrevivir, de protegerse y vencer...

"¡El último estadio de la palabra es el silencio!" (Sentencia zen.)

-Maestro, enséñame el camino que lleva a la Verdad.

El Maestro ríe a carcajadas..., y sigue con lo que estaba haciendo.

-Maestro, por favor, ¿cómo encontrar lo que es sagrado?

En esta ocasión, el Maestro le abofetea y chilla:

-¡Nada hay sagrado! ¡Busca la iluminación!

Saber es cultivar la conciencia de la propia ignorancia.

Ninja
Yves Thel

10

Super-Rendimiento en los Deportes

El escenario es Lausanne, Suiza, el consultorio de un cirujano dentista. Una joven está sentada en una de las salas observando un espectáculo luminoso de colores que danza en una pared. Hace muecas, luego estira los brazos hacia adelante, gira la cabeza en todas direcciones. Luego se echa hacia atrás y se relaja. Imagina que siente el brazo muy pesado. Siente una brisa fresca en la frente. Cuando se siente completamente relajada, llega a la habitación, con una pequeña pantalla de televisión, la voz melodiosa del médico. Y la joven repite las fórmulas de refuerzo que él le transmite:

"El relajamiento dinámico mejora mi forma esquiando. Soy más agresiva. Tengo confianza en mi capacidad como esquiadora. Me concentro desde el principio. No me dan ningún miedo el público, las cámaras de televisión, el cronómetro ni la posibilidad de accidente."

Esa mujer es una esquiadora europea que se prepara para un importante acontecimiento. Ahora se imagina con todo detalle la inminente competición. Siente los esquís en los pies, siente que su cuerpo se inclina, ve ante sí la pista cubierta de nieve. Debe ejecutar en su imaginación todas las maniobras perfectamente. Si cae o comete un error, debe volver a la cima de la pista y repetirlo todo a la perfección.

En otra habitación hay un joven tendido en un sofá, relajándose. Por el corte de pelo y la ropa, parece un hombre de éxito, y lo es: a sus veinticinco años dirige una empresa distribuidora europea. La voz del médico llega por la pantalla de televisión y el joven ejecutivo repite sus palabras: "Tengo confianza en mí mismo. Los otros no me asustan. Me **gusta** hablar en público. Hablo perfectamente y dejo complacidos y satisfechos a mis oyentes."

El joven está en el consultorio del médico porque le inquieta un poco el tener que exponer un asunto a hombres de negocios mucho mayores que él. Aunque su salud es perfecta, le da miedo actuar en público, hasta el punto de que a veces se pone tan nervioso que tartamudea. Después de unas cuantas sesiones, podrá decirle adiós al miedo a hablar en público, sin tartamudear.

Estas personas practican un tipo de adiestramiento autogénico modificado que ha hecho a varios miles de europeos mejores atletas, mejores oradores y mejores artistas... prácticamente, ha mejorado su eficacia en cualquier campo. Se trata del consultorio del doctor Raymond Abrezol, un comunicativo cirujano dental de cuarenta y ocho años, que ha sido toda la vida un apasionado de los deportes. En Abrezol se unen el deportista y el médico. ¿Por qué no enfocar al atleta como a una persona completa? ¿Por qué no hacer holístico el entrenamiento deportivo? El doctor Abrezol es, en gran parte, responsable de una importante tendencia del mundo deportivo europeo: el adiestramiento tato de la mente como del cuerpo. Por su consultorio han pasado muchos individuos que se convirtieron en célebres campeones, y mucha gente normal de diversos campos profesionales, que descubrió que esta técnica podría iluminar sus vidas.

El entrenamiento autogénico fue creado en la década de 1930 por el psiquiatra alemán Johannes H. Schultz y se ha utilizado ampliamente en clínicas europeas para gran número de trastornos provocados por la tensión. La autogenia enseña a controlar conscientemente varias funciones orgánicas supuestamente involuntarias, como el metabolismo y los latidos cardíacos. La visualización y los refuerzos también forman parte del adiestramiento.

El doctor Abrezol no llama autogenia a su programa de adiestramiento. "El programa de Abrezol para los deportes, se basa en una versión modificada de la autogenia y del yoga, llamada **sofrología**, creada y desarrollada por el doctor Alfonso Caycedo en España." La sofrología es un término bastante común en Europa, pero casi totalmente desconocido en Norteamérica.

A principios de la década de 1960, cuando el doctor Abrezol empezó a experimentar con la sofrología, trabajó con esquiadores y tenistas aficionados. Les enseñó a aprender a eliminar condiciones mentales obstaculizadoras que debilitaban su capacidad: nerviosismo antes o durante un partido o una competición, falta de concentración, falta de combatividad, falta de confianza, fatiga, miedo a los errores y miedo a la derrota. En 1967, cuando Peter Baumgartner, del equipo nacional suizo de esquí, se enteró de los notables resultados que estaba obteniendo Abrezol con su programa de entrenamiento deportivo mente/cuerpo, le pidió que trabajase con el equipo suizo. Por entonces, los equipos suizos no dominaban precisamente en las olimpiadas.

Utilizaron la sofrología en sus entrenamientos cuatro esquiadores (Madeleine Cuyot, Fernande Bochatay, Willy Fabre, Jean-Daniel Daetwyler) y empezó a observarse algo nuevo en las competiciones internacionales. De estos cuatro esquiadores, tres ganaron medallas en las olimpiadas de invierno de Grenoble en 1968. Empezaron a circular rumores en los ambientes deportivos. ¿Qué habían descubierto los suizos? ¿Una nueva megavitamina, un nuevo tratamiento físico? ¿O acaso el adiestramiento mental podía dar lugar a una superforma? El equipo suizo siguió con la sofrología. Cuatro años después, en las olimpiadas de invierno de Sapporo, Japón, en 1972, los suizos consiguieron otras tres nuevas medallas: las de Marie-Therese Nadig, Roland Collumbin y Bernard Russi.

Abrezol cree que sus programas mentales liberan a los deportistas de un miedo inconsciente, que puede significar varias centésimas de segundo... y una prestigiosa medalla.

Y el método no sólo resultaba con los esquiadores. El adiestramiento autogénico modificado ayudó a Fritz Charlet, boxeador que estaba a punto de abandonar la carrera. Tras pasar por el adiestramiento mental, se convirtió en campeón europeo de los pesos pluma.

En Europa hay muchos, muchísimos atletas y especialistas en sofrología que trabajan en el adiestramiento mental para un mejor rendimiento atlético: especialistas en salto, patinadores, luchadores, deportistas náuticos, equipos de acrobacia aérea, futbolistas. Siempre que un deportista trabaje seriamente en sus ejercicios dice el doctor Abrezol, acelera su progreso y mejora su rendimiento. Para la práctica mental es básica la visualización, pasar por todo el proceso con el máximo detalle. "La imaginación es más poderosa que la voluntad", dice Abrezol. El intentar eliminar el nerviosismo basándose en la voluntad no hace más que añadir más angustia a la tensión que el individuo ya sufre.

En Francia, cuando los médicos probaron y valoraron el entrenamiento sofrológico con sus atletas, los doctores H. Boon, Y. Davron y J. C. Macquet informaron: El adiestramiento mejoraba la precisión de movimientos, economizaba el gasto de energía y permitía controlar mejor las posiciones. Desde un punto de vista psicológico, el adiestramiento mental mejoraba la concentración y la atención y estimulaba la percepción. Mejoraba las relaciones del individuo con sus compañeros y entrenadores. Eliminaba el miedo, la tensión, el nerviosismo, la inquietud ante los posibles errores, etc. Los análisis médicos mostraban que después de la competición, la recuperación se aceleraba... lo cual permitía a los atletas realizar varias competiciones seguidas. En casos de dolores o contracciones musculares provocadas por el ejercicio, las técnicas sofrológicas eran de gran ayuda. El control del dolor puede ser, sin duda, un gran beneficio para cualquiera, no sólo para los atletas (ver Capítulo 12).

El doctor Abrezol indica que los programas mentales como la sofrología pueden aliviar también varios trastornos físicos: problemas vasculares y respiratorios, problemas de pies, insomnio, jaquecas, y puede incluso ayudar a controlar el índice de colesterol. Las investigaciones de laboratorio muestran que con métodos de tipo autogénico se puede aprender a controlar la potencia muscular, el flujo sanguíneo, la temperatura de la piel, las ondas cerebrales y el metabolismo. ése es el motivo de que, en Europa y en la URSS, la autogenia modificada sea una de las formas más populares de terapia médica, que suele preferirse a los fármacos. También es preferible a los fármacos en el caso de las personas sanas que sufren de temblores de piernas y de manos y que pierden la voz cuando se sienten observadas por mucha gente.

Hasta los individuos más famosos y notables en su campo pueden sentirse nerviosos por tener que hablar en público, cuando han de aparecer en un programa nacional de la radio o la televisión, dice el doctor William Kroger, que trata a estas celebridades. Es una crisis de miedo a hablar en público y nace de la idea de que están observándote literalmente millones de personas. Los síntomas son "pánico, trastornos estomacales, sudores, agarrotamiento de la laringe, circulación deficiente, pulso rápido e incluso vómitos... todo ello acompañado de un fuerte deseo de huir".

La autogenia podría permitir a estos individuos " integrar sus actos" y dejar que el talento, la mente y el cuerpo trabajasen por ellos. Quienes han aprendido a comunicarse con el cuerpo mediante la autogenia dicen que es como si el cuerpo hubiera estado siempre en piloto automático y de pronto descubrieses que podías tomar tú los controles.

El médico alemán Hannes Lindemann descubrió que podía hacerse cargo de los controles lo bastante bien como para hacer con su canoa la travesía del Atlántico. "Una gracia especial", le llama él. "Pero también una obligación." Para cumplir con esa obligación, da clases de autogenia. "Como remedio, parece el método **ideal** -dice el doctor- para aumentar la capacidad del individuo y mejorar su salud..." Por salud, Lindemann entiende algo más que ese estado indefinido de no sentirse mal, que muchos tomamos por salud. Entiende también la capacidad para tener relaciones sanas y no perniciosas con los demás y con la sociedad. "Somos tan inmaduros y estamos tan subdesarrollados psicosocialmente, que tendría que ser deber de todos pasar por un adiestramiento autogénico." Ayuda a los atletas a lograr una mayor eficacia, dice, y puede aumentar asimismo la eficiencia de negociantes, profesionales y trabajadores.

Algunas organizaciones comerciales alemanas, como la Cámara de Comercio, han iniciado programas autogénicos. Los hombres de negocios que han realizado los ejercicios con regularidad informan de una mejora significativa en la creatividad y en la producción, de menor absentismo, menos accidentes, mejor salud y mejores relaciones interpersonales.

Éstos son algunos de los beneficios atribuidos al adiestramiento autogénico. Se atribuyen también a la sofrología. Algunas técnicas básicas son las mismas: relajamiento y control del cuerpo, uso de refuerzos y visualizaciones. Sin embargo, la sofrología del doctor Caycedo desarrolló métodos posteriores entre los que se incluía una "relajación dinámica" especial. La contribución del doctor Abrezol consistió en comenzar a utilizar la sofrología en los deportes.

Los resultados

Mucho antes de que Europa Occidental captase la idea, los soviéticos habían investigado y descubierto que músculo-más-cerebro era una combinación ganadora en deportes.

Son los programas de desarrollo mental los que han ayudado a los atletas soviéticos a convertirse en superases y a acaparar casi todas las medallas de oro en las olimpiadas, según los especialistas occidentales. El doctor Richard Suinn, jefe del departamento de psicología de la Universidad estatal de Colorado, comenta: "Sus atletas (los soviéticos) consideran el deporte una carrera, y conceden gran importancia al éxito atlético determinado por la mente." Gracias a estas técnicas, los rusos obtuvieron el primer lugar en la olimpiada de Montreal de 1976 y los alemanes orientales el segundo. Rusia ganó cuarenta y siete medallas de oro y un país pequeño como Alemania Oriental cuarenta.

El profesor Suinn, que creó un programa de adiestramiento mental para el equipo olímpico de esquí norteamericano de 1976, dice que Estados Unidos, y la mayoría de los restantes países, no han hecho más que empezar a vislumbrar las posibilidades del poder mental en los deportes.

Un norteamericano que al parecer ha vislumbrado tales posibilidades, es Charles Tickner, el individuo que le arrebató inesperadamente la medalla de oro al campeón soviético en patinaje artístico en marzo de 1978. Los periodistas habían oído que utilizaba un programa mental. Tickner, estudiante de segundo curso en la Universidad de Nevada, explicó que todas las mañanas se pone en estado de relajamiento. "Me basta repetir unas cuantas palabras para cimentar la confianza en mí mismo durante unos minutos."

El **mentalista** Kreskin, aparte de mostrar sus técnicas mentales en su programa de televisión, participa también en programas de investigación psicológica en el Seton Hall College de Nueva Jersey. Kreskin tuvo acceso a informes soviéticos sobre adiestramiento mental e hizo un estudio detallado de los programas atléticos. él cree que los rusos llevan experimentando con el poder mental en atletismo desde la década de los cuarenta. "Y eso ha significado su gradual superioridad en los últimos años en los juegos olímpicos de invierno y de verano y en otras competiciones deportivas mundiales", dice. Los alemanes orientales, según Kreskin, han introducido también estos programas en sus equipos deportivos nacionales.

En las olimpiadas de verano de 1976, hubo un largo minuto que mantuvo tensos los músculos colectivos de millones de espectadores. Vasily Alexeyev se inclinó para alzar un peso superior al que hubiera alzado nunca un ser humano. Las tensiones se liberaron en una gran marea de aplausos, cuando Alexeyev se irguió triunfal con los brazos extendidos y aquel aplastante peso bien alto sobre la cabeza. Vasily Alexeyev practica el adiestramiento mental. Le sucedió algo muy interesante en el terreno de la sugestión, en su preparación para lograr la medalla de oro. En el levantamiento de peso, los doscientos kilos llevaban siendo mucho tiempo una barrera infranqueable que ningún ser humano podía sobrepasar, así como los cuatro minutos por milla lo habían sido para los corredores. Alexeyev y otros alzaban peso justo por debajo de este punto crucial. En una ocasión, sus entrenadores le dijeron que superaría su récord mundial, 199,96 kgs. Lo hizo. Luego le mostraron el peso y era, en realidad, de 200,6 kgs. Pocos años después en la olimpiada, Alexeyev logró levantar 225,6 kgs.

Entre los secretos del sistema de adiestramiento soviético, según Kreskin, figura el aprender a borrar mentalmente errores pasados y el miedo al fracaso y aprender también a imaginar mentalmente el desenlace positivo de una actividad. No se trata de decirle a la mente lo que uno quiere. Se le dice que **lo que tú quieres** lo tienes ya. Como en el caso de la sofrología, se entrena a los atletas en concentración, de modo que puedan desconectarse del ruido y la confusión del público que les observa y centrarse únicamente en triunfar.

Muchos científicos del deporte soviético creen hoy que el atleta medio no da ni la mitad de su rendimiento potencial si no utiliza el poder mental. Según los psicoterapeutas doctor W. Rozhnov y doctor A. Alexiev, del Instituto Superior de Formación Médica, los rusos trabajan en métodos ampliados para dar a los atletas poder cerebral sobre los músculos. Cuando enseñas al cerebro a "mandar" al cuerpo, todos los órganos corporales se movilizan para actuar coordinados del modo más eficaz. Rozhnov y Alexiev, ambos autoridades en educación deportiva holística, sostienen que es necesario también adiestrar las emociones. El objetivo es movilizar todas las fuerzas del individuo, de modo que el poder del cuerpo pueda expresarse por sí mismo plenamente.

Al parecer, antes de salir al cuadrilátero, algunos boxeadores soviéticos hacen un programa mental de diez minutos, para liberarse de tensiones y tener los nervios preparados para reacciones muy rápidas. Jóvenes buceadores soviéticos, que se ponían nerviosos e incluso se dejaban dominar por el pánico antes de una competición, utilizan ahora técnicas de relajamiento para lograr el funcionamiento óptimo del cuerpo.

Según Rozhnov y Alexiev, se utiliza hoy en gran escala en Rusia el adiestramiento triple. Incluye atleta, entrenador físico y entrenador mental. Se utiliza también ampliamente el mismo enfoque en las artes: en el ballet y en la música, por ejemplo. Se adiestra en las técnicas mente/ cuerpo incluso a los cosmonautas soviéticos. Los programas soviéticos, como la sofrología, son autogenia modificada. Los métodos han sido adaptados a una práctica simple y gradual que lleva sólo unos minutos diarios. No se necesita ningún equipo especial. No son necesarios ejercicios físicos agotadores, ni esfuerzos especiales. Ni una fe especial en lo que se hace. Las dos claves son **práctica e imaginación**. Poco a poco, mediante la práctica, se establecen líneas de comunicación con el inconsciente para aprovechar las reservas de la mente. Poco a poco, se desarrolla el control consciente de las llamadas funciones involuntarias. Poco a poco, el relajamiento de la tensión se hace automático.

En cuanto el cuerpo está bajo control autogénico, son particularmente eficaces los refuerzos para un mejor rendimiento. En el estado autogénico relajado, los competidores recorren vívidas películas mentales. La experiencia muestra que esta práctica mental puede ser tan eficaz como la práctica física. El profesor Suinn, de Colorado, ha hecho que los esquiadores olímpicos se imaginen a sí mismo esquiando, corrigiendo mentalmente los errores que han cometido en la práctica física. Las repeticiones mentales, según él, ejercen un efecto positivo en la actuación siguiente. De treinta a cuarenta años de investigación de soviéticos y europeos muestran que la práctica mental puede ayudar en todos los campos de la actividad humana, desde la interpretación de un concierto al tiro con arco o al tenis.

Las películas mentales como clave para alcanzar el estado óptimo físico no son ninguna novedad para campeones norteamericanos como Jack Nicklaus. Según él, su éxito se debe enteramente al hecho de que practica la concentración y la visualización. Nicklaus ha hecho la sorprendente revelación de que sus partidos de golf sólo dependen de un diez por ciento de la práctica concreta. El lograr golpes determinados, dice Nicklaus, es, en un cincuenta por ciento, imagen mental y en un cuarenta por ciento posición. ¿Su técnica? Primero, se desconecta del mundo. Se sitúa en un estado de concentración; luego hace una película mental de toda la jugada, clara y precisa, con acercamientos y alejamientos. "Jamás lanzo un golpe sin esta película en color", dice. En su libro **Golf My Way** (Golf a mi manera) Nicklaus revela: "Primero "veo" la pelota donde quiero que acabe, linda y blanca y alzándose sobre la brillante yerba verde. Luego, la escena cambia rápidamente y "veo" la pelota yendo hacia allí: su camino, trayectoria y forma, incluso lo que hará al caer en tierra. Luego, hay una especie de apagón y en la escena siguiente aparezco dando el tipo de golpe que hará realidad las imágenes anteriores."

Tony Jacklin, ganador del **Open** norteamericano, y del inglés, considera que cuando es capaz de desarrollar "la concentración del gusano en su capullo" durante un partido de golf, puede conectar y saber lo que tiene que hacer y cómo hacerlo.

El levantador de pesos Arnold Schwarzenegger, cinco veces Mister Universo, cuatro veces Mister Olimpia, y protagonista de la película **Pumping Iron**, sostiene que en el levantamiento de peso todo es "Mente sobre materia". "Mientras la mente pueda imaginar el heco de que puedes hacer algo, puedes hacerlo... Yo me visualizaba a mí mismo ya allí, habiendo logrado el objetivo." La ejecución, dice, es el movimiento complementario, un recordatorio de la visión en la que has estado contemplándote.

Actividades creadoras

No sólo los atletas trabajan siguiendo una visión. La capacidad adiestrada de imaginar vívidamente es también uno de los circuitos del genio creador y de la práctica creadora. Una visualización que había de afectarnos decisivamente a todos se iluminó una tarde de febrero al oscurecer, cuando un científico alto, de cabello oscuro, cruzaba un parque de Praga con su ayudante. Empezó a recitar un poema de Goethe sobre el crepúsculo. De pronto, se quedó quieto, mirando fijamente al sol.

-¿No lo ves? —preguntó a su desconcertado acompañante-. Está justo ahí, delante de mí. Mira, funciona perfectamente.

Cogió un palo y empezó a trazar círculos de un diagrama en el suelo. Aquel hombre era Nicola Tesla. Lo que dibujaba en el suelo era algo que se llevaba buscando mucho tiempo, el sistema de corriente alterna de generación de energía. Fue este descubrimiento lo que le permitió aprovechar las Cataratas del Niágara y proporcionarnos la era de la electricidad.

Tesla es, en nuestro siglo, uno de los mejores ejemplos de personalidad global y sin bloqueos. El alcance de su capacidad no cabe fácilmente en compartimentos habituales, y ése quizá sea el motivo de que, hasta fecha reciente, haya sido uno de nuestros más olvidados.

Tesla adiestró sus facultades de visualización hasta tal punto que podía construir mentalmente un invento con todo detalle. Luego, como si tuviese realmente ante sí el equipo y el laboratorio, podía poner en marcha su imaginado artilugio y predecir exactamente cómo funcionaría una vez construido. A Tesla, el sistema de tanteo que utilizaban hombres como Edison, le parecía un desperdicio y una pérdida de tiempo.

Tesla era capaz de hacer operaciones matemáticas instantáneas como una calculadora electrónica. Aprendió rápidamente dos idiomas. Tenía memoria fotográfica. Era capaz de recordar, según sus ayudantes, todos los detalles de más de cinco mil experimentos realizados a lo largo de cincuenta años. Sus empleados insistían en que tenía poderes "sobrenaturales" y era capaz de leerles el pensamiento. El propio Tesla indicó que tenía facultades telepáticas y en una ocasión recibió imágenes mentales de su madre desde muy lejos. Tesla atribuye a su madre el desarrollo de esta capacidad excepcional. Siendo un niño, en Yugoslavia, ella le adiestraba a propósito y metódicamente a visualizar con una variedad de juegos que inventaban. También practicaban juegos de percepción extrasensorial.

El rendimiento de Tesla fue prodigioso. Entre sus setecientos inventos se incluyen el voltaje de alta frecuencia, la iluminación fluorescente y de neón, la bobina Tesla, el oscilador (la base de nuestra emisión radiofónica y televisual), nuestros motores eléctricos básicos, instrumentos de control remoto y otras innovaciones extraordinarias que han permanecido en el olvido si no en el secreto... un sistema energético planetario para producir energía barata, un rayo energético defensivo, rayos energéticos sin cables para proporcionar combustible a los aviones e incluso un sistema de comunicación interplanetario.

Los poderes de visualización de Tesla eran tan seguros que sus mecánicos, que eran individuos muy especializados, decían que si quisiese inventar una turbina nueva, un motor solar o algún tipo de equipo eléctrico, era capaz de establecer cada una de las medidas mentalmente, incluyendo dimensiones de diezmilésimas de pulgada.

Aunque fue un creador de un tipo distinto, Thomas Wolfe, como Tesla, era capaz de ver las cosas con tanta precisión con la mente como con los ojos. En sus memorias, Wolfe habla de esta capacidad que tan útil le resultaba escribiendo.

"Por ejemplo, yo estaba sentado en la terraza de un café... y de pronto recordaba la barandilla de hierro del paseo de tablas de Atlantic City. Podía verlo tal como era, podía ver aquel grueso tubo de hierro, apreciar su aspecto tosco, ver los engastes de las juntas. Todo era tan vívido y preciso que podía sentir mi mano sobre la baranda y saber sus dimensiones exactas: tamaño, peso y forma."

Parece ser que los que destacan con la mente y los que destacan con el cuerpo utilizan algunas fuentes comunes, como si partiesen de una imagen mental delicadamente conectada... aunque probablemente ninguno de los dos grupos percibe la similitud. Como dice George Leonard: "Atletas e intelectuales suelen vivir en mundos distintos, en detrimento de ambos." En **The Ultimate Athlete**, Leonard indica que el enfoque global y combinado mente/cuerpo para los deportes es parte integral de la acrobacia oriental del aikido, del kung fu y otras artes marciales. Opina que la separación entre mente y cuerpo en el atletismo occidental es un error que ha de subsanarse. Según él, cuando se recupera la totalidad, los deportes pueden ser una vía para la iluminación personal: el proceso de práctica del deporte, el proceso del movimiento, el proceso de percibir nuestro cuerpo ligado a las fuerzas del universo, cobrarían tanta importancia como la tiene ganar en la época actual. Con este enfoque, en vez de ignorar o sobrevalorar lo físico, uno experimenta y glorifica el espíritu a través del cuerpo.

Las perspectivas empiezan a cambiar por fin a cambiar y a ampliarse en el deporte norteamericano. Existe una tendencia hacia deportes para toda la vida. Hay un mayor interés por el proceso, más que por la competición, y sobre todo por el lazo mente/cuerpo como medio de lograr mayor gozo y una ejecución trascendente. Analizan este enfoque libros como **The Zen of Running**, de Fred

Rohe, **Inner Tennis**, de Tim Gallwey, **The innerspace of Running de Mike Spino, Inner Skying de Gallwey y Kriegel y The Centered Skier** de Denise McCluggage. Hay lugares de entrenamiento de un nuevo estilo para jugadores de golf y de tenis, esquiadores, donde se insiste especialmente en el relajamiento, el equilibrio, la visualización y la percepción del flujo de la energía interna.

Hemos empezado a aprender de Oriente. Parece ser que podríamos aprender también de Occidente. Los programas de entrenamiento mental han sido la clave para estimular la salud y el rendimiento máximos de cientos de miles de soviéticos y europeos. Sin drogas ni fármacos y sin un costoso equipo de biorrealimentación, el individuo está aprendiendo a controlar su propia fisidogía. Aparte de atletas e intérpretes, en Europa se usa profusamente el adiestramiento en autogenia modificada para curar el cuerpo y también la mente, hasta el punto de que sólo le supera en cuanto a aplicación la psicoterapia convencional. A mediados de los años setenta había más de dos mil quinientas publicaciones científicas sobre adiestramiento autogénico y sus numerosísimos beneficios, pero eran muy pocas las que estaban en inglés.

Conseguimos y tradujimos uno de los programas típicos de adiestramiento mental soviético, de los que muy pocos han llegado a Norteamérica, si es que ha llegado alguno. Forma la mayor parte del capítulo siguiente y, según nosotros mismos hemos podido averiguar, es un medio satisfactoria para lograr relajamiento autogénico básico y control.
(6)

Estoy en movimiento y no moviéndome del todo. Yo soy como la luna encima de las olas que siempre rueda y se balancea. No es un "yo estoy haciendo esto", sino más bien una comprensión interna de que "esto me está sucediendo a través de mí" o "esta haciendo esto para mí". La consciencia de sí mismo es el mayor obstáculo para la ejecución correcta de toda acción física.

Ver una cosa sin el color de las preferencias y los deseos personales es verla en su simplicidad primigenia.

La expresión de un artista es su alma puesta en evidencia, la exhibición de su escuela, así como de su "tranquilidad". Detrás de cada movimiento se hace visible la música de su alma, de otra forma su movimiento está vacío, y un movimiento vacío es como una palabra vacía, no tiene significado.

El arte nunca es un ornamento, un embellecimiento; en lugar de esto es un trabajo de iluminación. Arte, en otras palabras, es una técnica para adquirir libertad.

El Tao del Jeet Kune Do
Bruce Lee

11

Un programa soviético de rendimiento máximo

Aprender el programa básico mente/ cuerpo es fácil y supone poquísimo tiempo al día. Puede hacerlo cualquiera, salvo los niños muy pequeños. La investigación y la experiencia muestran que sólo es cuestión de práctica. Haz los ejercicios en sesiones de siete a diez minutos (algunos han hecho tan poco como dos minutos) y tarde o temprano aparecerán los efectos deseados. Con el tiempo, la reacción se hace casi refleja y cuando aparece la tensión la eliminas, volviendo a armonizar el conjunto mente/ cuerpo.

En 1971, un médico soviético (A. G. Odessky) elaboró una guía diaria para rusos de todos los tipos que quisiesen dominar las técnicas autogénicas que ayudaban a triunfar brillantemente a bailarines y atletas. La autogenia proporciona esa medida extra, indica Odessky, que te permite dar lo mejor de ti mismo, triunfar en cualquier deporte, "acrobacia aérea, natación o balonvolea". Entre los deportes, Odessky incluye una actividad favorita de los rusos: el ajedrez. Pero no sólo sirve para los atletas, dice. "Es importante para cualquiera y sobre todo para profesores, actores, bailarines, militares, cosmonautas y" —el doctor Odessky, que es médico, remata así la lista-: "incluso para los médicos."

"La palabra **auto-genous** procede del griego **auto** (yo) y **genous** (dar nacimiento, ser nacido, productivo). Todos estos significados se aplican a nuestro programa de adiestramiento. Es un método activo que el propio individuo dirige." El programa ruso, como la sofrología, se basa en el descubrimiento original del doctor Johannes Schultz, publicado en 1932. Odessky prosigue: "Nuestro entrenamiento desarrolla en el individuo la capacidad para controlar conscientemente sus diversos procesos fisiológicos, para controlar, por ejemplo, la digestión, la respiración, la circulación de la sangre, el metabolismo y también para controlar emociones, estados de ánimo, y para activar la atención."

Los soviéticos han estudiado ampliamente las prácticas yoquis y han llegado a la conclusión de que pueden controlar también estados internos. El yoga contiene muchas cosas útiles, dice Odessky, pero también plantea problemas. Para los soviéticos existe el problema del "misticismo e idealismo". Y para casi todo el mundo se plantea el problema de "hacer duros ejercicios físicos, que exigen mucho tiempo, y vivir una vida de privaciones". La autogenia modificada permite que la inmensa y ajetreada mayoría logre el control de sus estados internos. "A veces —comenta Odessky-, le llamamos gimnasia psicológica, mediante la cual una persona puede conseguir el control absoluto de su psique."

En la URSS, la autogenia juega un papel preponderante en psicoterapia. Odessky la considera remedio para fobias, neurosis, obsesiones, incontinencia nocturna, tartamudeo, tics involuntarios, alcoholismo crónico y, aparte las enfermedades, constituye una gran ayuda en el parto sin dolor. Los especialistas occidentales añadirían que es sumamente útil para resolver problemas sexuales, entre ellos la impotencia y la frigidez, y también para controlar el peso. El doctor Paul Grim, uno de los relativamente escasos psicólogos norteamericanos que utilizan normalmente el adiestramiento autogénico en su práctica y que está familiarizado con las investigaciones mundiales en este campo, comenta: "Los pacientes con antecedentes de suicidio informan de que el adiestramiento les proporciona algo tangible para poder combatir la desesperación. Un año de práctica con un grupo de estos pacientes demostró que ninguno había vuelto a recaer en la depresión."

Grim respaldaría las afirmaciones europeas y soviéticas de que la autogenia cura también la enfermedad orgánica. En Rusia, entre las enfermedades orgánicas tratadas, Odessky cita parálisis espasmódica de colon, trastornos cardíacos, asma bronquial, úlceras y trastornos de la vesícula biliar. Pero quizá la mejor aportación de la autogenia, a la larga, resulta ser su capacidad para prevenir la enfermedad y favorecer una notoria longevidad.

El doctor Schultz fue, al principio de su vida, un típico niño frágil agobiado por la enfermedad y las prohibiciones. En una ocasión, comentó que su padre, que era teólogo, trabajaba para salvar almas, mientras que él quería salvar cuerpos. Quizá haya acabado haciendo ambas cosas. Schultz, por su parte, vivió y trabajó hasta los ochenta y seis años.

Aunque la autogenia está empezando a cobrar todo el aspecto de una panacea, Odessky declara enseguida que no hay nada sobrenatural en el programa. Muchos años de investigación atestiguan esos efectos; los científicos han determinado, al menos en parte, cómo se producen. (Para más documentación, consúltese una biblioteca médica. Véase también Apéndice.) Aunque parezca simple, un elemento capital que justifica la capacidad de curación de la autogenia, incluso la curación de graves trastornos, es el relajamiento. Al parecer, cuando nos liberamos de las tensiones que nos agobian, cuerpo y mente tienden a la normalización y toda curación es básicamente autocuración.

El doctor Odessky aconseja practicar la autogenia médica normal en combinación con un especialista. Pero esto deja aún muchas otras cosas que puede hacer cualquiera. Por citar sólo una, continúa el doctor Odessky, podemos liberarnos de todas esas emociones y sensaciones negativas que suelen surgir cuando nos enfrentamos a un acontecimiento importante. "Exámenes, apariciones en público, competiciones, una operación quirúrgica, negocios importantes y encuentros personales."

La autogenia, o gimnasia psicológica, como le llama Odessky, tiene dos niveles de adiestramiento. Varios de los logros mencionados pueden alcanzarse con la base exclusiva del adiestramiento. Si haces ejercicio diario o deporte, o interpretas música de modo regular, te resultará especialmente fácil incorporar estos escasos minutos de adiestramiento como una rutina diaria. Los ejercicios del segundo nivel suponen técnicas con las que ya estás familiarizado: visualización y sugestión autorregulada.

Cuando terminas el curso puedes provocar el estado autogénico atento y relajado en un tiempo que oscila de los treinta segundos al minuto, en cualquier lugar y en cualquier circunstancia. Pero, para aprender, elige un lugar cómodo y tranquilo. "Los ejercicios autogénicos son buenos en cualquier momento —explica Odessky-. Pero resultarán mucho mejor si esperas por lo menos hora y media después de las comidas." (Los médicos franceses Boon, Davron, y Macquet informan que no se han derivado nunca efectos nocivos de los ejercicios autogénicos.)

La autogenia puede ser útil de formas casi infinitas: incrementa tu capacidad y el disfrute de cualquier cosa, desde los deportes a los negocios o a la aventura extrasensorial. Pero hay algo más. Gran parte del gozo consiste en el llegar allí. Te sientes mejor, más feliz, haciendo los ejercicios. Se produce la sorprendente sensación de liberarte de la pesadez y el agobio. Las siguientes instrucciones se basan en el programa del doctor Odessky.

Posición

Adopte una de las siguientes posiciones, la que esté más de acuerdo con las circunstancias.

1. EL COCHERO: Piense en un antiguo cochero que se relaja durante un largo viaje. Siéntese en una silla o en un taburete. Deje colgar ligeramente la cabeza hacia delante, con manos y antebrazos apoyados flojamente sobre los muslos, las piernas en una posición cómoda, con los pies apuntando ligeramente hacia fuera. Ha de tener los ojos cerrados.

2. EL SILLÓN: Siéntese cómodamente en un sillón, apoyando la cabeza en el respaldo. Ponga brazos y manos sobre los brazos del sillón o apoyados en los muslos; coloque las piernas y los pies en posición cómoda, con los pies ligeramente vueltos hacia fuera. Ha de tener los ojos cerrados.

3. TENDIDO: Tiéndase boca arriba, con un cojín no muy grueso para apoyar la cabeza. Los brazos, ligeramente doblados por los codos, descansando con las palmas hacia abajo, a los costados. Las piernas están relajadas y no se tocan entre sí; los pies apuntan ligeramente hacia el lado. (Si los pies apuntan en línea recta hacia arriba, no está relajado.) Los ojos han de estar cerrados.

Calentamiento

El calentamiento, como todo en la autogenia, es simple. Debe colocarse su "máscara de relajamiento" y un ciclo de respiración.

Imagine que se está poniendo una máscara de relajamiento, esa máscara maravillosa elimna el ceño y las arrugas provocados por la tensión. Todos los músculos de la cara se relajan, se distienden. Se le cierran los párpados y descansan suavemente, con los ojos enfocados hacia la punta de la nariz. Cuelga flojo el mentón la boca está un poco entreabierta, la lengua toca las encías de los dientes de arriba (pronuncie silenciosamente -d- o -t-).

Inicie ahora un ciclo suave de respiración profunda sin esforzarse. Se trata de "respiración abdominal". Cuando entre el aire, sentirá el abdomen llenarse e hincharse. Al expulsar el aire, perciba cómo se hunde. Respire despacio. Ha de tardar el doble en espirar que en inspirar. A cada respiración, la duración aumenta. Por ejemplo, -inspire-, dos, tres; -espire-, dos, tres, cuatro, cinco, seis. -Inspire-, dos, tres cuatro; -espire- dos tres, cuatro, cinco, seis, siete, ocho. Empiece con una unidad y siga luego recorriendo la escala hasta llegar a seis o así... no se esfuerce.

Luego invierta el ciclo. Inspire seis unidades y espire doce. Inspire cinco y espire diez, y siga así hasta llegar a uno.

Dedique de dos a tres minutos a este calentamiento. Luego pase directamente a los ejercicios.

Primer ejercicio: pesadez

Aprenderá a despertar una deliciosa sensación de pesadez en su cuerpo. Empiece por el brazo derecho. (Si es zurdo, por el izquierdo.) Mentalmente y con intensidad, repita la fórmula:

Siento el brazo derecho inerte y pesado	6-8 veces
Noto el brazo derecho cada vez más pesado	6-8 veces
Noto el brazo derecho pesadísimo	6-8 veces
Me siento absolutamente tranquilo	1 vez

Abra luego los ojos y libérese de la pesadez. Doble el brazo un par de veces, haga unas cuantas inspiraciones profundas. Compruebe su posición y su máscara de relajamiento; luego empiece otra vez el ciclo. Dedique a éste de 7 a 10 minutos, dos o tres veces al día, incluyendo el calentamiento.

Repita ligeramente la fórmula. Háblese en el tono adecuado e imagine que su brazo es cada vez más pesado. Céntrese en el ejercicio, pero no se esfuerce demasiado, no lo haga cuestión de voluntad. Como dijo alguien, basta abandonarse a las palabras y a la sensación de pesadez. Si tiene problemas para imaginar la pesadez, coja entre sesiones algo pesado, aprecie esa pesadez y diga en voz alta: noto el brazo cada vez más pesado. El efecto es acumulativo. La persistencia rinde. Si hace el ejercicio regularmente, aparecerá la pesadez.

Haga el ejercicio de pesadez con el brazo derecho tres días. Después, siga con la misma fórmula exacta con la siguiente sustitución: a saber, en vez de "brazo derecho", durante los tres días siguientes dirá "brazo izquierdo".

Siento el brazo izquierdo inerte y pesado, etc.	3 días
Siento los dos brazos inertes y pesados	3 días
Siento la pierna derecha inerte y pesada	3 días
Siento la pierna izquierda inerte y pesada	3 días
Siento las dos piernas inertes y pesadas	3 días
Siento los brazos y las piernas inertes y pesadas	3 días

El ejercicio de pesadez lleva ventiún días. Si aparece antes una sensación clara de pesadez, puede pasar al ejercicio dos. En general, es mejor disponer de una base firme y tomarse todo el tiempo prescrito. Puede ser de gran ayuda para no perder ritmo ir comprobando las etapas sobre la marcha. La práctica regular aporta los resultados más rápidos. Algunas personas consiguen el control practicando una sola vez al día, aunque normalmente lleva más tiempo. Si es constante, acabará apareciendo el efecto deseado.

Segundo ejercicio: calor

Ha de aprender a despertar en usted mismo, a voluntad, una sensación de calor. Empiece con su calentamiento durante unos dos minutos. En el programa autogénico siempre recapitule el ejercicio previo para continuar. Haga un ciclo de la última fórmula para pesadez en brazos y piernas, que deberá durar de unos cuarenta y cinco segundos a un minuto. Creada la pesadez, inicie el ejercicio de calor, que sigue la misma fórmula general:

Noto el brazo derecho inerte y caliente	6-8 veces
Noto el brazo derecho cada vez más caliente	6-8 veces

Tengo el brazo derecho completamente caliente	6-8 veces
Siento una tranquilidad absoluta	1 vez

Utilice la imaginación mientras repite la fórmula del calor.

Siguiendo el mismo sistema, caliente el brazo derecho tres días, otros tres días el brazo izquierdo, y otros tres días ambos brazos, la pierna derecha, la pierna izquierda, ambas piernas, y brazos y piernas. Luego aplique la fórmula final que resume los dos primeros ejercicios. Ya no tiene que hacer antes el ciclo "pesadez".

Noto los brazos y las piernas inertes, pesados y calientes	6-8 veces
Siento los brazos y las piernas cada vez más pesados y calientes	6-8 veces
Tengo los brazos y piernas completamente pesados y calientes	6-8 veces
Siento una tranquilidad absoluta	1 vez

Entre los ciclos de la fórmula del calor, abra los ojos, muévase y sacuda la pesadez y la calidez. Repita luego. Mientras dice mentalmente la fórmula, utilice la imaginación para recuperar el momento en que tenía el brazo caliente. Visualice, si quiere, su brazo inmerso en una bañera de agua caliente o recuerde la sensación del sol de la playa cayendo sobre usted y calentándole el brazo. En caso necesario, para conseguir esta sensación, entre sesiones, coloque el brazo en agua caliente, diciendo en voz alta: cada vez se me caliente más el brazo. Puede también imaginar que envía calor interno a sus extremidades. No empiece a aplicar la fórmula del calor a ninguna extremidad si no la siente pesada. Si no lo está, ha de decir las palabras adecuadas hasta que aparezca la pesadez.

Tercer ejercicio: Un corazón sereno

Aprenderá luego a tener unos latidos cardíacos firmes y serenos. Haga el ejercicio de precalentamiento. Repita en forma breve la fórmula pesadez/calor, recitando cada frase tres o cuatro veces. Haga este ejercicio tumbado boca arriba, al menos al principio. Intente sentir mentalmente sus latidos cardíacos. Percíbalos en el pecho, la garganta o donde quiera. (Pero si tiene jaquecas no lo busque en la cabeza.) Quizá prefiera colocar la mano derecha sobre el punto del pulso de la muñeca izquierda o sobre el pecho. Lo normal es que en estado de relajamiento pueda sentir los latidos del corazón. Luego, repita mentalmente:

Noto el pecho cálido y agradable	6-8 veces
Mi corazón late sereno y firme	6-8 veces
Siento una tranquilidad absoluta	6-8 veces

Haga este ejercicio dos o tres veces al día, de siete a diez minutos, durante dos semanas. Son pocas, poquísimas, las personas que no llegan a dominar este ejercicio. Si le sucediese esto después de varios intentos, continúe con el siguiente.

Cuarto ejercicio: Respiración

Aprenderá ahora a tener un mejor control sobre el ritmo de su respiración. Haga el precalentamiento. Repita en forma breve lo siguiente:

Noto las piernas inertes, pesadas y calientes	1-2 veces
Noto los brazos y las piernas cada vez más pesados y calientes	1-2 veces
Tengo los brazos y las piernas completamente pesados y calientes	1-2 veces

Mi corazón late sereno y firme	1-2 veces
Siento una tranquilidad absoluta	1 vez
Mi respiración es totalmente sosegada	6-8 veces
Siento una tranquilidad absoluta	1 vez

Haga este ejercicio para poder controlar la respiración catorce días, de siete a diez minutos, dos o tres veces al día. Se considera dominada la técnica cuando se es capaz de respirar rítmica y pausadamente, a voluntad, después de una ligera actividad psíquica o algún tipo de estimulación nerviosa. En vez de decir el "siento una tranquilidad absoluta" habitual al final del ejercicio, el doctor Schultz prefería decir: "Me vivifica."

Quinto ejercicio: Estómago

Ha de aprender a crear una agradable sensación de calidez en el plexo solar (la zona situada entre la cintura y las costillas). Haga el precalentamiento. Repita en forma breve la fórmula pesadez/ calor, y luego la del corazón y la de la respiración. Después:

Siento el estómago suave y caliente	6-8 veces
Siento una tranquilidad absoluta	1 vez

Si lo desea, puede apoyar la palma derecha en el plexo solar durante el ejercicio. Experimentará gradualmente una sensación clara de calor. En vez de la fórmula indicada, algunos prefieren decir: " Mi plexo solar irradia calor". Si le resulta más fácil de imaginar y de visualizar esto, utilícelo. Haga esto de siete a diez minutos, dos o tres veces diarias durante dos semanas. Se considera dominado el ejercicio cuando se tiene una sensación clara y definida de calor.

Sexto ejercicio: Frente fresca

Ha de aprender a experimentar una sensación de frescor en la frente. Haga el precalentamiento. Repita, como siempre, en forma breve la fórmula de la pesadez el calor, el corazón, la respiración y el estómago. Luego:

Tengo la frente fresca	6-8 veces
Siento una tranquilidad absoluta	1 vez

Imagine que una brisa fresca le acaricia la frente y las sienes. Si es necesario para captar la sensación colóquese, en tres sesiones, frente a un acondicionador de aire o un ventilador, diciendo en voz alta: Mi frente está fresca. El ejercicio se considera dominado cuando experimenta repetidamente un frescor definido. Hágalo dos o tres veces al día durante un período de siete a diez minutos, catorce días.

No salga bruscamente de una sesión. Abra los ojos y empiece a moverse poco a poco. Estírese, flexione las articulaciones, libérese de la pesadez y póngase de nuevo en marcha.

Recapitulación:

Repita todas las fórmulas literalmente, pero —no— maquinalmente. Dígalas con atención, con intensidad y emoción, de modo que se fundan en su conciencia. Combine las sugestiones con la imaginación. Las fórmulas pesadez/ calor suelen producir un estado de somnolencia sumamente agradable, que indica que se dominan correctamente. Sin embargo, no se duerman. Si se durmiese, aprenda de la experiencia. Quizá debiese hacer el ejercicio incorporado. Quizá tenga que dejar vagar el pensamiento y/ o la imaginación. El objetivo de la autogenia es la consciencia relajada. Y su consciencia debería agudizarse con la eliminación de tensiones. Imagine que retiene un centro de consciencia durante las sesiones. Si dormirse constituye un verdadero problema, sugiérase: "Puede dormir mi cuerpo, pero mi consciencia permanece alerta y despierta."

Ya habrá dicho lo que es en realidad su fórmula final.
Noto los brazos y las piernas pesados y calientes
Me palpita el corazón y respiro con tranquilidad y firmeza

Tengo el estómago suave y caliente, la frente fresca
Siento una tranquilidad absoluta

La mayoría de la gente acaba utilizando sólo una o dos repeticiones para lograr el estado autogénico controlado y agradable. Este estado se fortalece si se utiliza la técnica de modo habitual, siempre que necesite relajarse y estar en las mejores condiciones. La dosis de mantenimiento es practicar dos veces al día durante cinco minutos. Una vez que la técnica se controla bien, el individuo descubre que puede decir sencillamente: "Brazos y piernas pesados, calientes; corazón y respiración tranquilos, firmes; estómago caliente, frente fresca, calma" y pasar al estado autogénico.

El doctor Odessky pone fin a su programa en este punto. Después de una breve mención a la autogenia a un segundo nivel (ver pág. 182) , pasa a otros trucos terapéuticos soviéticos, como la terapia musical.

Con estos seis ejercicios simples, se dominan las bases de la autogenia. Si es usted como la mayoría de las personas, habrá empezado a percibir sus efectos hace mucho. El doctor Lindemann descubrió en sus clases que era corriente que la gente se sintiese aliviada de diversos trastornos mucho antes de terminar el programa. Cita como caso típico a un oficial de cincuenta y tantos años que, cuando había conseguido controlar el tercer ejercicio, descubrió que podía dejar de tomar fármacos contra la jaqueca, cosa que no había podido hacer desde la niñez. Al entrar mente y cuerpo en mayor comunión, parecen disolverse no sólo las viejas tensiones físicas, sino también trabas y cirstalizaciones psicológicas. Como atestiguan Odessky, Lindemann y otros, lo típico es que el individuo sienta un incremento de confianza en sí mismo, disminución de los miedos y preocupaciones. Tiene el medio de equilibrarte siempre que sea necesario.

Después de controlar la técnica, ya no hace falta dedicar mucho tiempo a fórmulas de adiestramiento al practicarla. Puede aprovechar al máximo lo que se llama "fórmulas de resolución". El control autogénico es como buena tierra fértil. Potencia cualquier semilla que quieras plantar. Las fórmulas de resolución son afirmaciones hechas a medida para ayudar al individuo a afirmarse y potenciarse en un aspecto u otro. La simplicidad de la práctica falsea su poder. Es el tipo de ejercicio que puede convertir a un tartamudo de sudorosas palmas en un orador elocuente, o guiar a Lindemann a través del Atlántico.

Fórmulas a medida

Es evidente que todos tenemos que abordar circunstancias distintas, aspectos distintos de nuestra personalidad o distintas facultades que deseamos estimular. Con fórmulas hechas por uno mismo, adquieres el control consciente de las sugestiones que moldean tu conducta. Desvías la atención y las energías de hábitos que han ido formándose inconscientemente a lo largo de los años. Mencionaremos ahora algunas sugerencias genrales(sic) para ayudarle a elaborar sus propias fórmulas.

En el estado autogénico relajado, repita sus fórmulas hechas a medida durante 3-4 minutos dos veces al día. Al principio, por lo menos, refiérase a un solo tema cada vez. Espere a que empiece a experimentar el efecto deseado antes de pasar a otras cosas. Si tiene temblores internos, por ejemplo, cuando ha de tocar el piano en público, puede decir: "Disfruto tocando el piano en público. Me satisface compartir mi talento con otro..." o si lo que le gusta es jugar al béisbol: "Siento plena confianza cuando me lanzo a batear." O: "Tiro con fluidez y potencia." Procure dar la máxima intensidad y autenticidad a lo que dice cuando recite sus fórmulas. Elimine el escepticismo. Actúe como si todo lo que está diciendo fuese realmente cierto.

Las sugestiones pueden ser breves y concretas: "Tengo los ojos fijos en la pelota." "Al sumergirme recojo la barbilla." O pueden ser alimento más general para toda la persona: "Me perdono a mí mismo todos los errores del pasado. Soy libre. Estoy en paz conmigo mismo y con el mundo." Es buena una combinación de ambas cosas, y, al terminar la sesión, afirmar que llevas ya esas cualidades al mundo contigo.

Procure que las frases sea breves. El ritmo y la aliteración ayudan a arraigar las ideas en la mente. Puede hacer frases rimadas, en consecuencia. No se preocupe por su valor literario. Las frases pueden ser horrorosas con tal de que sean pegadizas.

Elabore sus fórmulas con cuidado. La mente profunda se atiene a la letra. En vez de decir: "Ensayaré con entusiasmo y gozo", diga: "Ensayo con entusiasmo y gozo." Formule las frases en tiempo presente, pues el futuro siempre es algo por venir, que nunca llega. Sobre todo, procure que tengan un sentido positivo. Evite decir: "Yo no pierdo la concentración... yo no olvido mi discurso..." Diga: "Mi concentración es completa y firme. Recuerdo fácilmente mi discurso." Hay que eliminar las negaciones. Para ello, algunos prefieren calificar algunas cosas de "insustanciales". Por ejemplo: "Fumar es insustancial. Respiro fresco y libre. Me siento satisfecho."

Resumiendo: diga sus fórmulas con atención e intención. Procure que sean breves. Asegure sus deseos en el "ahora" de una estructura positiva. Y háblese con amabilidad a sí mismo.

Si tuviese un programa de trabajo agotador o muchas responsabilidades, un descanso autogénico puede hacerle mucho más bien que un descanso para tomar café. En cuatro o cinco minutos puede hacerlo en cualquier sitio, en la oficina, en un taxi o en el avión. Tómese un minuto para entrar en un estado autogénico de relajamiento total. Use entonces una fórmula de este tipo: "Estoy fresco y despejado y de buen humor. Me desembarazo de las tensiones." Si hace falta, diga: "Tensiones y cóleras desaparecen."

En cuanto a las decisiones, ha de pensar en la actividad y el rendimiento en su sentido más amplio. Apuntálese bien y valórese antes de exámenes, entrevistas de trabajo o cualquier enfrentamiento personal. Con un poco de creatividad, puede elaborar frases que estimulen la capacidad y las relaciones sexuales, uso bastante corriente de las decisiones autogénicas en Europa. Algunos han utilizado también la autogenia para superar el hábito compulsivo de fumar o de beber. Es una novedad como sistema para los que quieren hacer dieta, porque no se basa en la fuerza de voluntad, sino en la imaginación. Puede aprovechar esta técnica siempre que se crea en situación de desventaja: si está en minoría, de la clase que sea, si sigue un curso de reorientación profesional, si es una mujer que se reincorpora al mundo laboral... en cualquier caso, las resoluciones autogénicas, si se usan como es debido, pueden contribuir a facilitar las cosas.

Autogenia de segundo nivel

La autogenia de segundo nivel adiestra y agudiza la imaginación, convirtiéndola en un instrumento sumamente poderoso. Puede proporcionar destreza ejecutiva en cualquier campo y mejorar las relaciones y el carácter. Se trata nuevamente de seis ejercicios. Ha de dominar la técnica de imaginar claramente un color, de imaginar objetos, de experimentar mentalmente conceptos abstractos, como valor o compasión, mejorar la propia imagen, considerar las relaciones con otras personas, y, por último, recibir soluciones de las facultades ampliadas de la conciencia. Esto último puede ser de gran ayuda a la hora de resolver problemas personales y profesionales. Supone llegar al conocimiento del subconsciente y del supraconsciente para obtener soluciones. Algunos lo conciben como una comunicación con el superyo. Otros lo llaman llegar al yo superior, a los sabios ancianos para tener consejo. El doctor H. Hengstmann, médico alemán, considera la autogenia de segundo nivel la " forma más pura de comunicación psicológica en profundidad que puede alcanzar un individuo consigo mismo y con los demás ".

Encontrará los ejercicios destinados a fortalecer cada una de estas seis capacidades autogénicas en la Sección de Ejercicios (pág. 296).

Como hemos visto, los atletas, y no sólo ellos, utilizan películas mentales para agudizar su destreza. Evidentemente, si quiere ser fabricante de películas mentales, el tener buenos poderes de visualización e imaginación ayuda mucho. Si no lo tiene, los ejercicios de autogenia del segundo nivel y el yoga mental pueden proporcionárselos.

Películas mentales

Un famoso jugador de baloncesto está bajo de forma. Durante los dos días siguientes, cuando los demás jugadores del equipo practican, él se une a ellos, siguiendo cuidadosamente las diversas jugadas y tiros... mentalmente. Esta forma de mantener las facultades agudizadas les ha sido muy útil a los atletas europeos. Incluso estando en plena forma, muchos encuentran que el desarrollar películas mentales les es mucho más útil que dedicar ese tiempo adicional a la práctica concreta. Se puede seguir cualquier actividad de este modo, sea pública o privada, aprender a conducir por una autopista o el truco de un nuevo paso de baile.

Al cabo de unos minutos de relajamiento autogénico, empieza la película mental. Sígala paso a paso, y haga en ella una ejecución absolutamente perfecta. Ha de verse a sí mismo actuando con una técnica sosegada y perfecta. (Sabe de antemano, por supuesto, cuál es la técnica correcta. No debe introducir información errónea.) Si es jugador de bolos, por ejemplo, ha de verse a sí mismo sujetando la bola, dando los pasos hasta la línea, soltando la bola, siguiéndola suavemente... tiene que ver rodar la bola por la bolera, alcanzando el primer bolo justo en el ángulo correcto para conseguir una gran jugada. Ensaye con varios tiros. Si se trata de una reunión de negocios, concéntrese en verse a sí mismo entrar en la sala de conferencias. Ha de verse haciendo una exposición bien acogida. Utilice todos sus medios como fabricante de películas. Acérquese rápidamente a los puntos importantes y aléjese luego rápidamente de ellos, como hace Jack Nicklaus en sus visualizaciones del golf. Mire desde varios ángulos. Ponga la película en cámara lenta. Esto es especialmente útil en una actividad que requiera un cronometraje de décimas de segundo como la gimnasia o el salto de trampolín. Si comete un error, vuelva atrás y filme de nuevo esa parte correctamente. Después de observarse a sí mismo actuando a la perfección, vuelva a su interior en la película. Sienta en la mano el palo de golf o la bola. Recorra todos los pasos que ha dado sintiendo su identificación con esa actividad. Si ha de pronunciar una conferencia, ha de ver al público, observar las caras atentas. Sentir que la relación se intensifica. Disfrutar usted mismo.

Para deportes en concreto

La práctica autogénica regular mejora la capacidad física y mental, la coordinación y los movimientos musculares en general. Existen ciertas técnicas autogénicas concretas que, según opinión acorde de gran número de atletas, ayudan a obtener un máximo rendimiento. Por ejemplo, pueden utilizarse afirmaciones para mantener firmes las motivaciones, para cimentar el entusiasmo por el buen adiestramiento y la práctica diaria. Pueden utilizarse también, claro está, para ayudar a eliminar gran número de ansiedades o bloqueos psicológicos: miedo al fracaso o a hacerse daño, nerviosismo, falta de concentración, irritación contra los compañeros de equipo, disminución del rendimiento siempre que un adversario logra situarse mejor. Respecto a esto último, podría afirmar: "Los adversarios son insustanciales. Calma y confianza, lo hago bien." Los entrenadores que utilizan la sofrología suelen unir estas afirmaciones a una respiración rítmica. Con cada respiración, se repite una decisión breve. Lo mismo que la práctica continua de la autogenia reduce las lesiones deportivas porque es menos probable que el individuo practique nervioso y con los músculos tensos, muchos atletas exaltan las excelencias del sistema en cuanto a los poderes de recuperación que proporciona. Después de un partido o de un acontecimiento especial, colóquese lo antes posible en el estado autogénico para reequilibrar cuerpo y mente y conseguir que descansen.

Los que utilizan la sofrología en el entrenamiento de los atletas, hacen uso de la autogenia más una amplia gama de ejercicios extraídos de fuentes como el zen y el yoga. Muchos de ellos son similares a ejercicios de otras partes de este libro. Aunque la sofrología intenta hacer un programa concreto para cada individuo, se puede obtener cierta idea general del tipo de técnicas que podrían ser útiles. Los entrenadores que utilizan la sofrología suelen sugerir, por ejemplo, el relajamiento gradual como ejercicio básico (Capítulo 7). Se les dice a los atletas que se centren en la contracción y la distensión de cada grupo de músculos corporales y que intenten captar una imagen firme de toda su configuración corporal. Para fortalecer aún más la conciencia de todo el cuerpo, de sus campos energéticos y de la expansión y la contracción de esos campos, los sofrólogos utilizan un ejercicio como el que hemos llamado Conciencia del campo energético, incluido en el Capítulo 17.

Un aficionado al tiro al plato que practicaba de forma regular el relajamiento progresivo de la sofrología informaba que durante una competición el tiempo pareció ampliarse. Aunque sólo tenía ocho décimas de segundo para ver el blanco, su creciente capacidad para concentrar mente y cuerpo hacía que le pareciese que tenía tiempo de sobras para apuntar y disparar. Para la descripción de otra técnica que teóricamente puede proporcionar esta capacidad de experimentar la vida real en cámara lenta, ver el Ejercicio de movimiento y color del Capítulo 17. Los sofrólogos prestan también mucha atención a los ejercicios respiratorios para adaptarse a situaciones específicas (Ver Capítulos 7 y 17).

En el aspecto psicológico, en los deportes, los sofrólogos utilizan los diversos ejercicios que desarrollan la concentración y estimulan la percepción y la capacidad de relación (ver Capítulo 18). A la persona que ha tenido una racha de fracasos, podrían prescribirle un ejercicio para mejorar la imagen propia, con el objeto de transformar las imágenes de fracaso en otras de éxito. Para preparar acontecimientos futuros, los sofrólogos utilizan el método de las películas mentales. Los atletas se imaginan mentalmente, con todo detalle, una película de la inminente competición, se imaginan su propia actuación sumamente brillante, luego procuran sentir con la mayor precisión posible las sensaciones físicas y mentales que acompañan a esta imagen de triunfo. Se les ordena, por último, que reproduzcan esta sensación cuando el acontecimiento concreto tenga lugar. Ver **Recuerdo de la alegría de aprender**, en el Capítulo 7, que puede utilizarse también como alegría de triunfar o alegría de una actuación inmejorable.

La autogenia, una vez dominada, es un medio y un vehículo. Sencilla, aunque poderosa, puede permitir que uno se desenvuelva con gran estilo en cualquier actividad que elija. Si está aprendiendo a tener un brazo cada vez más pesado, o está en plena película de sensorama, no se esfuerce demasiado.

Si tiene una voluntad de acero, déjela a un lado y utilícela para otras cosas. Como canta Mack el Navaja: "Es inútil, es inútil, esforzarse no basta". Y, como escribió el abuelo de todos los sistemas modernos de sugestión, émile Coué: "Cuando la imaginación y voluntad chocan, siempre gana la imaginación... En el choque entre voluntad e imaginación, la fuerza de la imaginación está en proporción directa con el cuadrado de la voluntad."

Un individuo que tenga miedo a actuar en público o que tema perder en una competición deportiva, tiene una imagen mental de fracaso. Cuanto más se esfuerce la voluntad por combatir esta imagen, más fuerte se hace la imagen. "La atracción fatal del obstáculo para el jugador de golf nervioso, se debe a la misma causa —dice Coué-. Con sus ojos mentales, ve caer la pelota en el punto más desfavorable. Puede utilizar el palo que quiera, puede hacer un lanzamiento largo o corto, mientras la idea del obstáculo domine su mente, la pelota hallará, inevitablemente, su camino hacia él. Cuanto más invoque a su voluntad para que le ayude, probablemente, peor será su suerte."

Nuestra imaginación puede actuar en nuestro favor o en contra. Utilizando las técnicas de la sofrología y la autogenia, podemos disponer de ese poder transformador para conseguir más de nosotros mismos. Es un acto creador.

Un reducido grupo de individuos han aprendido a utilizar el potencial humano tan bien que parecen haber dado un salto evolutivo adelantando a todos los demás. Uno de ellos es un hombre que puede lograr lo extraordinario en muchos campos, pero muestra lo que una personalidad sin trabas puede hacer más claramente en lo que se refiere a su propia carne. Es un hombre equilibrado y centrado en más de un sentido.

(7)

"El arte sin arte" es el proceso artístico dentro del artista; su significado es el "arte del alma". Todos los diferentes movimientos de todas las "herramientas" significan un paso en el camino al mundo absolutamente estético del alma.

El gran error es anticipar el resultado del encuentro; no se debe estar pensando si termina en victoria o en derrota. Deja que la naturaleza siga su curso, y tus herramientas golpearán en el momento exacto.

La relación es entendimiento. Es un proceso de autorrevelación. La relación es el espejo en el que te descubres a ti mismo. Ser es estar relacionado.

Las herramientas son el centro indiferenciado de un círculo que no tiene circunferencia, moviéndose y, sin embargo, sin moverse, en tensión y, sin embargo, relajado, viendo cómo sucede todo y, sin embargo, sin estar ansioso en absoluto de su resultado, sin nada designado a propósito, nada calculado conscientemente, sin anticipación, sin expectación, en resumen, presentándose tan inocentemente como un bebé y, sin embargo, con toda la audacia, subterfugio y aguda inteligencia de una mente totalmente madura.

El Tao del Jeet Kune Do
Bruce Lee

12

Para aminorar el dolor

Un hombre alto y nervudo, de perilla plateada, parece un punto inmóvil en el centro de un círculo de otros hombres que le observan con una atención casi audible. Con un brillo más bien irónico en los ojos, el hombre alto contempla una aguja de doce centímetros y medio de longitud que le atraviesa el brazo. Una vez extraída, no queda rastro de sangre ni marcas visibles del pinchazo. Luego, uno de los hombres del círculo, lenta y deliberadamente, aprieta la punta roja y humeante de un cigarrillo contra la piel del hombre alto. No grita, ni siquiera pestañea. Es como si no sufriese. No aparecerá ninguna seña que lo indique. Jack Schwarz no está padeciendo tortura, aunque descubrió la fuerza de su capacidad para controlar el dolor y sanar su cuerpo a voluntad en celdas de tortura nazis cuando luchaba en la resistencia holandesa.

Con el carisma de un actor o de un soberbio profesor, Schawarz da la sensación de poder interpretar el mago de una película de Ingmar Bergman. Pero, en la vida real, es demasiado expansivo, jovial y simpático para recordarnos a un melancólico mago.

Jack Schwarz es hoy un destacado luchador en por de la incorporación de los nuevos métodos de control del dolor, curación y conservación de la salud a la práctica general de la medicina y al uso público.

Han examinado a Schwarz varios famosos científicos y varias instituciones de renombre, entre ellas el Instituto Neuropsiquiátrico Langley Porter de la facultad de medicina de la universidad de California, el instituto Max Planck de Munich y, especialmente, la Fundación Menninger de Topeka, Kansas. Allí, hace unos años, el doctor Elmer Green y su esposa, Alice Green, empezaron a analizar con equipo imparcial las afirmaciones de generaciones de yoquis. Los Green rompieron con la terca tradición occidental de insistir en que cualquiera que afirmase controlar procesos corporales "involuntarios" era, sin lugar a dudas; un farsante que no merecía crédito. Los Green descubrieron que Schwarz y otros eran realmente dueños de sí mismos. "Jack Schwarz posee, en el terreno de los controles voluntarios, uno de los mayores talentos del país, y probablemente del mundo", informa el doctor Green. Schwarz y algunos otros individuos a los que examinaron los Green, son capaces de hacer cosas tales como dirigir la circulación sanguínea, alterar los latidos cardíacos, elevar y disminuir la temperatura de varias zonas del cuerpo, bloquear el dolor, controlar las hemorragias y acelerar drásticamente el proceso de curación. Un individuo, Swami Rama, fue incluso capaz, a petición de los Green, de crear una pequeña protuberancia carnosa en una mano. Fue también capaz de hacer que se disolviese tal protuberancia. En su constante esfuerzo por abrir las reservas de la mente, Jack Schwarz se ha atribuido muchas otras habilidades. Ha aprendido a ver e interpretar la fluctuante bioenergía que rodea el organismo del ser humano: el aura. Los médicos de la Fundación Menninger y otros investigadores descubrieron que los diagnósticos de Schwarz, tras estudiar este aura, coincidían con los realizados mediante análisis convencionales, e incluso tenían en cuenta cuestiones que se habían pasado por alto. Jack Schwarz ha estado enseñando durante cinco años a los médicos a desarrollar el control del dolor y otras capacidades ocultas. Es asesor de la Fundación Menninger y dirige la Fundación Aletheia, de Grants Pass, Oregón. Proyectó durante mucho tiempo un complejo educativo y terapéutico donde se pudiese trabajar mediante el conocimiento del potencial pleno de los seres humanos: "La salud espiritual, psicológica y física." Su organización cuenta ya con 118 acres de terreno boscoso y la idea es abandonar los tableros de dibujo. Está prevista la inauguración, a finales de 1978, de una clínica holística de pacientes externos en la que Schwarz pueda trabajar diariamente con profesionales de la salud.

Mientras Schwarz profundiza más en la enseñanza de profesionales, hay otro hombre que aporta su cuerpo y sus extremidades intentando mostrarnos algo. Si hay que ser el detentador de un récord mundial para atraer la atención hacia lo que cree, se dijo Vernon E. Craig, yo lo seré. Craig es un hombre algo grueso, de estatura media, cuya apariencia es una tentación a volver a los cuentos de infancia y llamarle el alegre quesero suizo. Vive en Ohio y es quesero de profesión. En su tiempo libre, Craig se convierte en **Komar**, con turbante y todo, el pecho desnudo y bombachos. Con un aire algo absorto, Komar se pasea descalzo a lo largo de metros de carbones encendidos. Figura en el Guinness World Record: un paseo de ocho metros sobre carbones encendidos a una temperatura de 1.494 grados Fahrenheit.

Craig empezó a convertirse en Komar (a subir escaleras de espadas, a soportar que hombres fuertes machacasen con un mazo rompiéndole losas de hormigón en el pecho) cuando actúo por primera vez en una función benéfica para ayudar a los retrasados. Poco después, empezó a pensar que todos somos retrasados... desarrollamos tan poco nuestra capacidad natural... "Sólo soy un hombre normal. Lo que puedo hacer yo, puedes aprender a hacerlo tú", insiste Komar. Siendo muchacho, encontró un texto de yoga y decidió ver si podía aprender a controlar el dolor, tal como decían los yoguis.

"Sólo soy un hombre normal", repite al público cuando se tiende sobre un lecho de clavos de quince centímetros. Luego baja otra tabla con clavos que le queda colocada sobre el torso, convirtiéndose en el relleno de un bocadillo de clavos. Seis de los asistentes más pesados del público salen para sentarse sobre el bocadillo. Komar bromea: "No sean delicados, siéntense bien, todos a la vez." Lo hacen, y el quesero de Ohio sonríe. Cuando sale de allí, no aparece rastro de sangre, ni heridas, ni magulladuras. Por eso ostenta otro record: 475 kgs. de peso, sobre su doble lecho de clavos.

Para Komar, estas teatrales exhibiciones se deben a una razón que supera el puro interés mercantil o teatral. "Lo que más me interesa, claro está, es todo el campo del control mental, del desarrollo del potencial humano —dice Craig-. Utilizo la demostración de control del dolor porque es espectacular. Da un indicio de lo que una persona normal puede aprender a hacer. Podría hacer que la gente empezara a pensar."

Komar llama cada vez más la tención del público. Habla ya ante consejos profesionales de médicos y científicos. También él ha pasado por los laboratorios. El doctor C. Norman Sheal, director del centro de rehabilitación del dolor de La Crosse, Wisconsin, le examinó con diversos métodos que se utilizan para medir la tolerancia de un individuo al dolor. Tranquilo y sonriente, Komar superó el máximo de la escala. Aunque le congelaron, le golpearon y utilizaron descargas eléctricas con agua. Sheal y los otros médicos no pudieron, al parecer, hacer daño a Vernon Craig. El objetivo básico de Craig es eximir también a otros del dolor. Con ese fin, ha publicado el programa de control del dolor que él mismo siguió.

Los fisiólogos han hecho comprobaciones, claro está, para ver si Schwarz y Komar tienen una sensibilidad normal al dolor cuando no se hallan en un estado alterado que activa las reservas de la mente. ¿Cómo se desconectan instantáneamente del dolor individuos como Jack Schwarz y Vernon Craig? Estos individuos han aprendido a controlar procesos orgánicos y, por último, a situarse a sí mismos en otro lugar, Schwarz dice: "Salgo de mí mismo y me imagino que estoy de pie junto a mi cuerpo. No clavo una aguja en **mi** brazo –dice–, clavo una aguja en **un** brazo." Esto recuerda un comentario que una vez hizo Nijinsky. Alguien le dijo en cierta ocasión al gran artista del ballet: "Es una lástima que no puedas verte bailar." "No, pero sí me veo –contestó él–. Estoy fuera de mí mismo, observando y dirigiendo."

"La capacidad y las habilidades que demuestro en los experimentos, están al alcance de cualquiera", dice Schwarz, explicando que brotan de la armoniosa interacción de cuerpo y mente. Para lograr esta armonía, "has de desarrollar un punto de vista desligado, una conciencia del propósito de la vida, y un flujo de energía o conciencia que no esté trabado por el miedo ni por emociones reprimidas".

Schwarz enseña que esto se puede lograr mediante la meditación activa y creadora... no un sistema cerrado, sino una serie de técnicas e instrumentos para armonizar la mente y el cuerpo. Varios de estos instrumentos se perfilan en este libro, pero en el núcleo central de la doctrina de Schwarz hay un tema que sólo hemos rozado en términos directos. Algunas personas lo verán, indirectamente, a lo largo del libro, como el agente oculto de los poderes supranormales. Este agente es una energía: bioenergía, energía sutil, prana, kundalini, la energía que constituye la base y la cima de la filosofía oriental y de la ciencia yogui.

Schwarz enseña a ejercitar esta energía, considérese "real" o "imaginaria", para armonizar y fortalecer los centros energéticos del cuerpo. ésta es la energía que el pandi Gopi Krishna llama "la energía del genio". Incluso en Occidente, hay cada vez más motivos para pensar que es parte de los medios sutiles, parte del poder transductor que nos permite lograr cosas que están fuera de lo común, desde un cinturón negro de kárate a la supermemoria. Schwarz explica cómo ejercitar esta energía en su libro **Voluntary Controls** (Controles voluntarios).

..., hemos de decir que Jack Schwarz y Vernon Craig son humanos. Si se piensa un poco en ello, podría decirse que incluso son más humanos que los demás, pues pueden desarrollar más facultades propias de nuestra especie que los restantes miembros de ella.

Todo aquel que utilice los métodos de superaprendizaje y superforma que se explican en este libro, no tardará en descubrir que entre los beneficios secundarios figuran mejor salud y cotrol (sic) sobre diversos síntomas. Se puede aprender a ampliar estas técnicas para ayudarse a controlar el dolor... en el dentista, o por tensiones o calambres provocados por el exceso de ejercicio en los deportes o en el baile. Como ya se dijo en el Capítulo 2, uno de los primeros campos en los que el doctor Lozanov utilizó la sugestiología fue en el control del dolor, incluso como anestesia en operaciones importantes. Una de las principales aplicaciones de la sofrología es, también, el parto sin dolor.

El neurólogo y neurocirujano C. Norman Shealy es un individuo insólito, otro adelantado en esta tendencia en pro de una medicina holística. Shealy es el tipo de individuo que un día decide: "Tiene que haber un medio mejor", y se lanza a buscarlo. Se le ocurrió que la aplicación continua de drogas y fármacos a los que padecen un dolor crónico y el tranquilizar químicamente a las personas alteradas, en realidad no es una forma de curación. Por propia experiencia, sabía que la cirugía y, en su campo, las peligrosas pruebas que suelen acompañarla, no siempre eran la solución.

Hoy, el doctor Shealy y sus colaboradores han ideado una serie de tratamientos no tóxicos para liberar a las personas del confinamiento solitario del dolor crónico y prolongado. (Ver Bibliografía.) Por experiencia práctica, el doctor Shealy ha desarrollado también un programa completo para ayudar a cualquiera a descubrir nuevas dimensiones de bienestar. En el fondo, se trata de "biogenia", un método de autogenia notablemente ampliado, al que Shealy denomina "enfoque holístico de la vida y de la salud que se puede revalorizar constantemente y ampliar con la práctica". Como dice el doctor Shealy: "Uno mismo crea su propia realidad." Espera que un día los principios autogénicos se enseñen en las escuelas del país.

La autogenia, el autocontrol, es algo básico en muchos programas de autocuración y de reducción del dolor. Basándose en el yoga y en otras tradiciones, Jack Schwarz y Vernon Craig aprendieron por sí mismos. Ambos constituyen una prueba espectacular de que son habilidades asequibles.

En cuanto se haya dominado la autogenia básica y se sepa visualizar e imaginar claramente, ya se está en posesión de las técnicas necesarias para aprender a controlar el dolor y a curarse por sí mismo. Programas diarios como los de Schwarz, Craig y Shealy son libros por sí solos. Sólo podemos dar aquí unos cuantos ejercicios iniciales. (Por supuesto, si no conoces el motivo de determinado dolor, consulta siempre con tu médico.)

Eliminar el dolor mediante la respiración

Los métodos modernos de control del dolor han bebido en varias fuentes de experiencia yoqui. Hacia el cambio de siglo, el versado y culto yoqui Ramacharaka publicó un lúcido texto destinado a hacer asequible algunos de estos ejercicios tradicionales a la "mente occidental, eminentemente práctica".

Uno de ellos se basa en la "respiración rítmica". El ritmo en este caso varía con el individuo. Refuerza el ritmo del propio cuerpo y se basa en los latidos cardíacos.

En estado de relajamiento, palpe el pulso. Cuente en voz alta durante el tiempo suficiente para llegar a captar de veras el sentido del ritmo, de modo que puede respirar a compás sin concentrarse en él. A la mayoría de los principiantes les resulta cómodo inspirar hasta contar seis pulsaciones. Contenga el aliento después hasta contar tres; espire hasta contar seis, haga una pausa de tres y empiece de nuevo. Puede que descubra que le resulta más fácil respirar con una cuenta más larga. (Respire siempre por la nariz, a menos que se indique lo contrario.)

Para controlar el dolor, siéntese con la espalda recta o túmbese boca arriba. Respire rítmicamente a compás del pulso el tiempo suficiente para introducirse bien en el ritmo de éste. Mientras lo hace, hágase a la idea de que está inspirando prana: energía absoluta, el principio absoluta de la vida. Una fuerza luminosa y vital. Inhale prana. Cuando espire, envíe mentalmente el prana a la parte dolorida para restablecer una circulación adecuada y corrientes nerviosas. Inhale luego prana otra vez, pero ahora con la idea de utilizar esta energía para expulsar el dolor. Espire pensando que el prana está librándole ya del dolor. Alterne estas dos ideas; fortalecer las fuerzas curativas del cuerpo; expulsar el dolor. Haga esto siete veces y descanse luego. Para el descanso, Ramacharaka sugiere un ejercicio respiratorio de limpieza yoqui. Haga una profunda inspiración, llenando el abdomen y la parte inferior y superior de los pulmones. Retenga el aliento unos segundos. Frunza los labios como si fuese a silbar, pero mantenga las mejillas lisas. Expulse el aire en soplos breves y enérgicos, por la boca. Si es necesario, repita ciclos de siete. De nada servirá ejercitar la voluntad o intentar forzar el asunto, dice Ramacharaka; el control tranquilo y una buena imagen mental serán la solución.

Luz

En otra técnica tradicional yogui para controlar el dolor, relajar tensiones o fortalecer partes del cuerpo. Hay que tomar luz pura y vigorizante de una gran batería del plexo solar (el estómago por encima de la cintura y un poco por debajo de las costillas) y transferirla adonde moleste o duela, por ejemplo a la cabeza.

Imagine la poderosa energía alimentada por el sol de la propia vida. Siéntese erguido o tiéndase boca arriba. Los nudillos mirándose, los dedos doblados, coloque las manos y las yemas de los dedos levemente apoyados sobre el plexo solar. Inicie una respiración lenta, suave y profunda. Imagina que está inspirando luz blanca, luminoso y vital, como el núcleo del sol. Imagine que esta energía luminosa va fluyendo hacia su abdomen y luego hacia su pecho, al expandirse los pulmones. Espire después.

Una vez conseguido el ritmo, al inhalar imagine esa gran luz que fluye hacia abajo a través de su plexo solar y penetra en las yemas de sus dedos cargándole las manos; retenga el aliento y mueva lentamente las yemas de los dedos hasta la frente. Espire luego despacio, visualizando la energía luminosa que fluye de sus dedos y atraviesa el centro de su frente hasta que toda su cabeza queda inundada de luz. Cuando haya expulsado todo el aire, haga una pausa mientras mueve las manos de nuevo hasta el plexo solar. Luego, inicie otra vez el ciclo.

Jack Schwarz recomienda visualizar esta luz no sólo llenando la cabeza, sino también fluyendo a través de la frente, como si se llevase un casco de minero con un foco.

Haga este ejercicio veintiuna veces. Repita, si es necesario, tras un descanso. Es importante la visualización constante y vívida de la luz blanca. Procure imaginar un sol brillante iluminando nieve blanca y pura. Según los yoguis, se tarda un tiempo en dominar esta técnica vigorizante. Como se usa también para relajar tensiones, quizá sea buena idea practicarla una vez al día durante un tiempo, antes de que se dé el asalto de un dolor concreto.

El "Toque adormecedor" para dominar el dolor

Expondremos a continuación una técnica de control del dolor que una de las autoras de este libro descubrió que podía ser muy útil en todo tipo de situaciones. Como estudiante de control voluntario practicó, como cientos de personas más, y aprendió rápidamente a dominar este simple método para dominar el dolor. Más tarde pudo hacer una demostración de esta forma de control voluntario ante médicos y ver cómo lo reflejaban los instrumentos de control. Descubrió que era sumamente beneficioso en muchas circunstancias, como por ejemplo en una pequeña intervención quirúrgica o en la retirada de puntos de sutura. Muchos descubren que es muy útil también después de visitar al dentista cuando los efectos de la anestesia se desvanecen. Puede ser útil también en dolores y tensiones producidas por un esfuerzo excesivo en los deportes; de hecho, para cualquier tipo de dolor o molestia que pueda aliviarse mediante un efecto anestésico.

Si ha ensayado los ejercicios básicos de adiestramiento mental (Capítulo II) y ha aprendido a hacer pesados los brazos y las piernas a voluntad, debería dominar esta etapa muy fácilmente. Para ello, es necesario aprender a cambiar la temperatura de las manos. Utilice su método preferido de relajamiento para colocarse en un estado cómodo y relajado, y respire suave y profundamente. Dígase entonces que siente la mano derecha pesada, **fría** e inerte.

Imagine que hunde la mano derecha en un cubo de hielo. Sienta cómo va poniéndose azul y fría. Sienta cómo se adormece. Visualice la mano fría y helada.

Diga para sí: "Siento la mano derecha pesada, fría y adormecida." Practique unos minutos.

Cuando sienta la mano derecha fría y adormecida, toque la parte superior de la mano izquierda con los dos dedos primeros de la mano derecha. Diga: "El punto que estoy tocando con la mano derecha también se está poniendo frío e inerte." Compruebe el adormecimiento apretando con las uñas en el punto adormecido. Practique hasta que pueda crear a voluntad frialdad y adormecimiento en la mano izquierda.

Diga por último que cualquier zona de su cuerpo que toque con la mano adormecida y fría quedará también anestesiada, fría y completamente adormecida, como si le hubiesen puesto una inyección de novocaína. Después de una visita al dentista, por ejemplo, puede poner la mano derecha fría y adormecida y aliviar la desazón aplicando el "toque adormecedor" a las doloridas encías.

Con la práctica, debería poder provocar frialdad y adormecimiento cuando lo necesitase, en un tiempo muy breve. Toda técnica de control del dolor debe aprenderse y practicarse, claro está, **previamente**, en vez de esperar a estar ya afectado por el dolor.

Otros medios de eliminar el dolor

1. Se ha descubierto que las jaquecas se dominan con un enfoque ligeramente distinto. Los que han investigado el biofeedback descubrieron que para los dolores de cabeza, el control voluntario de la temperatura en las manos debería pasar a **caliente** más que a frío. Utilice el mismo método de antes, pero visualice y sienta **ambas manos y ambos brazos** pesados y **calientes**. Diga: Frente fresca, brazos y manos calientes.

En caso necesario, imagínese sentado con una bolsa de hielo en la cabeza y las manos metidas en agua caliente.

Al programar, céntrese siempre en el objetivo de restaurar la salud... no en el problema. Diga: "Tengo la cabeza despejada, me siento refrescado y alerta."

2. Otra técnica útil para la tensión y los dolores utiliza un tipo de visualización distinto. Colóquese en estado de relajamiento. Imagine mentalmente frente a usted una gran pelota. La pelota ha de ser de cualquier color que le atraiga en ese momento concreto. Su color personal. Sostenga la pelota en las manos. Visualícela empequeñeciéndose. Tírela luego.

(La clave de este ejercicio es que su mente inconsciente seleccionará por usted el color correcto, relacionado con la forma concreta de tensión que genera sus dolores, sean debidos a tensión mental, cólera, tensión emocional o cualquier otra causa.)

3. Otro método para eliminar dolores consiste en pensar en un dolor como un cortocircuito de un aparato eléctrico. La energía tiene que circular de nuevo. Imagínese piernas y pies como cables de tierra de un aparato eléctrico. Ponga luego una mano en el plexo solar (la palma lisa), ponga la otra mano en la parte de atrás del cuello (palma lisa). Haga que el dedo meñique toque la vértebra atlas, la más alta, y que los cuatro dedos restantes toquen las vértebras siguientes. Mantenga las manos en esa posición tres minutos.

Coloque luego la mano derecha donde tiene la izquierda y la izquierda donde la derecha y repita durante tres minutos.

Visualice la energía que fluye a través de usted y saliendo por su frente.

Con esta técnica puede percibir que los dedos del cuello empiezan a calentarse, mientras que la mano que está en el plexo solar está menos caliente, y también puede sentir una leve sensación de agitación.

Mientras respira lenta, firme y regularmente, imagine que le energía fluye entrando y saliendo, entrando y saliendo, entrando y saliendo, eliminando cualquier cortocircuito y dejando salir el dolor.

Alivio autogénico

Si no ha practicado lo suficiente y le asalta el dolor, procure ir con él. No se oponga al dolor, déjese ir. Procure relajarse y concentrarse en una respiración firme y regular. Procure expulsar el dolor respirando. Se trata de captar la nota discordante exacta y convertirla lentamente en armonía.

La doctora Elmer Green, hablando de la autocuración realizada en un estado de relajamiento profundo, dice: "La creatividad en términos de proceso, fisiológico significa curación física, regeneración física. La creatividad en términos emotivos consiste, pues, en establecer, o crear, cambios de actitud mediante la utilización práctica de emociones saludables: emociones cuyos correlatos neurológicos son los que establecen una armonía en el hemisferio intuitivo del cerebro..." Eso es, pues, la autocuración: un acto creador. Con la visión holística puede empezar a percibir que su poder de creación está ahí. Demasiadas veces lo hemos utilizado en el pasado, inconsciente y negativamente, para crear enfermedad.

El método práctico general para la aplicación de los principios autogénicos es el siguiente: cuando el dolor sea exterior (piel, dientes, cabeza, dedos de los pies) envíe frialdad. Para un dolor profundo asentado en los órganos internos, envíe calor. Pero procure que un profesional determine siempre la causa del dolor. Según el doctor Shealy, con la "biogenia" pacientes con dolor crónico perdían las sensaciones desagradables durante el relajamiento profundo. Con la práctica, podían arrastrar parte de este bienestar al volver a la vida activa.

Se puede controlar el dolor de otro modo con la autogenia, utilizando toda la fuerza del método para mantener y estimular la salud, para resolver problemas pequeños antes de que se agranden. Si los problemas han evolucionado ya, la autogenia (que aún se usa principalmente en medicina) es una terapia suplementaria eficaz. Hay, por ejemplo, fórmulas de curación para trastornos específicos. El doctor Shealy incluye algunas en su libro **90**

Days to Self-health (Autosalud en 90 días) , al igual que el doctor Lindemann en su **Relieve Tension the Autogenic Way** (Elimine la tensión por el sistema autogénico) . La fórmula para el reumatismo y la artritis podría incluir, como ejemplo general: frases que aliviasen la cólera en particular y las tensiones en general. Refuerzos de paz, de flexibilidad y comodidad en las articulaciones; afirmaciones de que una rodilla o un codo se halla libres de dolor; y enviar calor a la articulación dolorida.

El dolor indica malestar, disarmonía. En el Centro de Rehabilitación del Dolor, Shealy ha agrupado autogenia de primero y de segundo grado para crear un programa destinado a devolver a los pacientes a un estado de armonía física, mental, emotiva y espiritual. Según dice, puede dar ejemplos de casos de casi todas las enfermedades en que la biogenia ha resuelto el problema y también de casos de casi todas las enfermedades en los que emociones negativas agravaron notablemente el mal. Si las emociones pueden provocar una enfermedad, concluye Shealy, "controlando mentalmente el exceso emotivo, uno puede aprender a controlar la mayoría de los síntomas y la mayoría de los procesos patológicos." Es una afirmación muy rotunda tratándose de un médico. Pero son muchos los médicos que empiezan ya a adoptar un punto de vista holístico y que comprenden, como nunca antes, que la mente puede curar y puede dañar. Están atentos a la obra de médicos como Carl Simonton, de Austin, que está adiestrando a pacientes de cáncer en técnicas concretas de meditación y de visualización. Cuando se aplican estas técnicas holísticas, algunos pacientes diagnosticados como "deshauciados" dejan de serlo.

Wilhem von Humboldt, científico y diplomático y uno de los fundadores de la Universidad de Berlín, dijo, al parecer, que creía que llegaría el día en que sería vergonzoso estar enfermo, pues la enfermedad se considerara consecuencia de ideas perversas. No tenemos por qué sentirnos turbados aún. No sólo no nos enseñaron jamás a estar bien en este sentido, sino que, en muchos casos, nuestro entorno nos enseña, en realidad... a estar malos. ése es el motivo de que el doctor Shealy, el doctor Lindemann y otros doctores famosos crean que la enseñanza de las técnicas de adiestramiento autogénico en los primeros años escolares sería una de las fórmulas más valiosas de educación... algo que nos aseguraría una vida sana. "Si se enseñase en las escuelas la técnica autogénica, el mundo podría curarse a sí mismo", dice el doctor Lindemann. No llegaremos a un nirvana libre de enfermedades, concluye, "pero creo que el adiestramiento autogénico podría evitar más enfermedades y conductas alteradas que los médicos, que continuarán interesándose más, y quizá de forma justificable, en curar que en prevenir".

Junto con sus técnicas, los médicos autogénicos están planteándonos un desafío implícito. Quieren depositar la responsabilidad de la salud de nuevo en nuestras manos y en nuestras mentes. Nos retan así a ejercitar otra facultad potencial: la salud.

(8)

La intención del seminario –y por consiguiente del libro- está basada en el modelo de Niveles NeuroLógicos, inspirado a su vez en el trabajo de Gregory Bateson. La idea básica de dicho modelo reside en la existencia en nuestra vida de una jerarquía de aprendizaje y cambio, en la que cada nivel trasciende al anterior, pero contiene a su vez procesos y relaciones de éste. El espectro de los niveles de tal jerarquía incluye el entorno, el comportamiento, las capacidades, las creencias, los valores, la identidad y el propósito con respecto al sistema mayor o "campo" del que formamos parte.

Coaching
Robert Dilts

Introducción

Así pues, el coaching viene centrándose históricamente en la mejora de determinada actuación de comportamiento. El coach eficaz de tales características ("instructor de voz", "formador de actores", "coaches de béisbol") observa el comportamiento de la persona y luego le da consejos e indicaciones acerca de cómo mejorar en situaciones y contextos específicos. Ello implica promover el desarrollo de la capacidad de comportamiento de esa persona a través de una cuidadosa observación y de la correspondiente interacción.

Coaching con "C" mayúscula y con "c" minúscula

Está claro que el coaching personal, el coaching ejecutivo y el coaching vital proporcionan apoyo a una variedad de niveles: comportamiento, capacidades, creencias, valores, e incluso identidad. Podemos referirnos a estas nuevas formas de coaching (ejecutivo y vital) como Coaching con "C" mayúscula.

El coaching con "c" minúscula se centra más bien en el nivel del comportamiento, refiriéndose al proceso de ayuda a otra persona a alcanzar o mejorar determinada actuación de comportamiento. Los métodos correspondientes a este coaching con "c" minúscula derivan principalmente del modelo de coaching deportivo, promoviendo la toma de conciencia del individuo acerca de sus propios recursos y capacidades, junto con el desarrollo de la competencia consciente.

PNL y coaching

Las técnicas y los métodos presentados en este texto proceden en gran medida del campo de la Programación Neurolingüística (o PNL). Las habilidades y herramientas de la PNL tienen una adecuación óptima para promover el coaching eficaz. La atención que la PNL presta a los objetivos bien formados, sus bases en el modelado de los individuos más eficaces en cada ámbito de la experiencia humana, y su capacidad de producir procesos paso a paso de promoción de la excelencia, la convierten en uno de los recursos más importantes y potentes para los coaches, tanto con "C" mayúscula como con "c" minúscula.

Las habilidades, herramientas y técnicas comunes a la PNL, capaces de dar apoyo a un coaching eficaz, incluyen el establecimiento de resultados deseados y de objetivos bien definidos, la gestión de estados internos, el cambio entre posiciones perceptivas, la identificación de momentos de excelencia, la cartografía cruzada de recursos y el aporte de realimentación (intercambios, interacciones) altamente cualificados.

El bucle coaching-modelado

Mientras que la atención preferente del coaching se centra típicamente en **qué** hace y **qué** debería hacer el individuo para rendir eficazmente, la PNL centra su atención y su proceso de modelado (o creación de modelos) en **cómo** actuar óptimamente. El modelado implica la identificación y el análisis de ejemplos de actuaciones exitosas (una especie de combinación de marcación de hitos y análisis del éxito), estableciendo en ocasiones comparaciones con actuaciones fallidas.

El coaching y el modelado constituyen, así, dos procesos esenciales y complementarios para alcanzar el rendimiento óptimo en cualquier área, formando un bucle entre lo que hay que hacer y cómo hacerlo. El modelado refuerza el coaching definiendo cómo llevar a cabo tareas y actividades del mejor modo posible, y el coaching refuerza el modelado ayudando a los implicados a interiorizar y poner en práctica lo que ha sido modelado.

El bucle "coaching-modelado" constituye un ejemplo de **aprendizaje en doble bucle**. Un viejo proverbio dice que "si le das un pescado a una persona, la alimentas por un día, mientras que si le enseñas a pescar, la alimentas para el resto de su vida". El "aprendizaje en doble bucle" sería algo así como darle el pez y al mismo tiempo enseñarle a pescar, lo cual implica alcanzar simultáneamente dos objetivos: aprender **qué hacer** y, al mismo tiempo, **cómo hacerlo**.

En resumen, el coaching y el modelado deben atender a diversos nieles de factores:

＊ Factores del entorno, que determinan las oportunidades y limitaciones externas que individuos y organizaciones deben identificar y frente a las que deben reaccionar. Implican tomar en consideración **dónde** y **cuándo** ocurre el éxito.

* Factores del comportamiento, que son los pasos específicos de acción tomados para alcanzar el éxito. Implican **qué** es lo que hay que hacer o cumplir, específicamente, para lograr el resultado apetecido.

* Capacidades, relacionadas con los mapas mentales, los planes y las estrategias que conducen al éxito. Dirigen **cómo** son seleccionadas y controladas las acciones.

* Valores y creencias, que proporcionan el refuerzo que apoya o inhibe determinadas capacidades y acciones. Están relacionadas con el **por qué** de la elección de determinado camino, así como con las motivaciones más profundas que llevan a la persona a actuar o a perseverar.

* Factores de identidad, relacionados con el sentido de la persona sobre su papel o misión. Tales factores son función de **quién** percibe la persona o el grupo que es.

* Factores "espirituales", relacionados con la visión de la persona acerca del sistema mayor del que forma parte. Estos factores implican el **para quién** y el **para qué** (el propósito) de haber tomado determinado camino o haber dado determinado paso en la acción.

Niveles de apoyo para el aprendizaje y el cambio. Mapa de ruta para el Coaching con "C" mayúscula Coaching (coaching)

El coaching tradicional (es decir, con "c" minúscula) se centra en el nivel del comportamiento, e implica el proceso de ayuda a la persona para alcanzar o mejorar determinada actuación en su **comportamiento**. A este nivel, los métodos de coaching derivan principalmente del modelo de coaching deportivo, promoviendo la percepción consciente de los recursos y las capacidades, junto con el desarrollo de la competencia consciente. Implican extraer y reforzar las capacidades de la persona por medio de la atención cuidadosa y la realimentación (los intercambios), facilitando además que la persona actúe en coordinación con los demás miembros del equipo. El coach eficaz de esta categoría observa primero el comportamiento de la persona, y le da luego indicaciones y consejos sobre cómo mejorar en situaciones y contextos específicos.

Enseñanza

La enseñanza está relacionada con ayudar a la persona a desarrollar **habilidades y capacidades cognitivas.** El objetivo de la enseñanza consiste generalmente en ayudar a la persona a incrementar sus competencias y sus "habilidades de pensamiento" que tengan relación con determinada área de aprendizaje. La enseñanza se centra más en la adquisición de capacidades cognitivas generales que en formas concretas de actuar en situaciones específicas. El maestro o enseñante ayuda a la persona a desarrollar nuevas estrategias de pensamiento y de acción. El énfasis de la enseñanza reside más en el nuevo aprendizaje que en revisar actuaciones previas de la persona.

Como ejemplo de estos distintos niveles de apoyo a una escala muy simple y práctica, consideremos el caso de un equipo de la liga juvenil de béisbol.

Para que un conjunto de jóvenes se convierta en un equipo eficaz, sus coaches tienen que organizar recursos elementales tales como un campo, unos uniformes, un equipamiento y unos refrescos, todo ello proporcionado por diferentes "cuidadores". Los jugadores necesitarán asimismo una guía en relación con cómo llegar al campo de juego y a la agenda de coachings y partidos (en otras palabras, acerca de dónde y cuándo van a tener lugar esas actividades).

Para utilizar adecuadamente todos esos recursos y oportunidades, los jóvenes deberán desarrollar competencias de comportamiento en relación con las acciones fundamentales que conforman el juego. Eso es lo que vendrá de la mano del coaching tradicional (con "c" minúscula). Los coaches de lanzadores y bateadores, por ejemplo, deben observar a los jugadores lanzando la pelota y bateando, para poder proporcionar a cada uno de ellos los consejos e indicaciones pertinentes. Los coaches deben también ayudar a sus jugadores a coordinar sus metidos específicos con el desarrollo general del juego para que actúen como un equipo.

Sin embargo, toda la competencia en comportamiento sería inútil si los jugadores no comprendiesen el juego. Por consiguiente, los coaches deben también enseñar a los jugadores las reglas del juego, así como explicarles como ajustar sus acciones a situaciones diversas. Ello implica comprensión cognitiva y juicio basados en el conocimiento de las contingencias y los resultados posibles. Los jugadores deberán asimismo aprender a centrar adecuadamente la atención y a mantener "la cabeza en el juego", éstos son elementos de lo que se conoce como "juego interno" de cada deporte concreto. Se trata del conocimiento y de la comprensión que constituyen la base de la habilidad y la capacidad para practicar el juego de que se trate.

Para trabajar juntos eficazmente y desarrollar la "voluntad de ganar", los jugadores también deben creer en sí mismos y en sus compañeros, así como compartir valores comunes. Una de las funciones clave del coach consiste en contribuir a insuflarles los valores y las creencias que ayudarán a sus jugadores a mejorar y triunfar. Debe motivarles a exhibir valores cruciales tales como respeto, fiabilidad, disciplina, trabajo en equipo, etc., demostrándoselos con su propio ejemplo. Además de todo eso, un buen coach deberá proporcionarles inspiración y motivación para mantener centrada la atención y superar situaciones difíciles. Los jugadores pueden caer a veces en un "bajón" en el que rindan deficientemente, lo cual pondrá a prueba su confianza y su fe en sí mismos. En tales situaciones, el coach deberá actuar como mentor para ayudarles a recuperar un marco mental positivo.

Si un jugador tiene problemas, por ejemplo, en la posición de "lanzamiento" o bateador, su coach puede pedir "tiempo muerto" y mantener una breve charla con él. Lo habitual es que, durante esa conversación, el coach no se dedique a dar consejos específicos de comportamiento al jugador o a explicarle el juego, sino que más bien empleará ese breve tiempo en decirle algo parecido a "Vamos. Sabes que puedes hacerlo. Estamos todos contigo. Relájate y da lo mejor de ti". El propósito de esos mensajes de ánimo no es otro que ayudar al jugador a reforzar y expandir la confianza en sí mismo.

Los mejores coaches son también "patrocinadores" para sus jugadores, reconociéndolos como individuos especiales y únicos, viendo en cada uno de ellos a un "ganador" al nivel de la identidad, y recibiéndole en el equipo como un contribuidor valioso e importante. Son precisamente este reconocimiento y esta aceptación los que inspiran al jugador a dar lo mejor de sí mismo. Un buen indicador del poder de esta clase de patrocinio se pone en evidencia en los resultados de los intentos de inducir en los atletas estados de excelencia y momentos cumbre. Al pedirles que recuerden "un momento en el que estuviesen dando lo mejor de sí mismos y rindiendo con excelencia" suelen recordar ciertos acontecimientos, pero suelen tener dificultades para recobrar el sentimiento pleno de aquel estado cumbre. En cambio, al preguntarles cuál ha sido el mejor coach, muchos de ellos entran inmediatamente en un estado fuerte y lleno de recursos, porque fue precisamente a través del reconocimiento y de la aceptación de su coach como llegaron a verse a sí mismos como "beisbolista" o como "ganador".

Las personas suelen hablar también de haber aprendido lecciones importantes en su vida a través de su implicación con el deporte. Eso ocurre cuando algún coach es capaz de despertar en ellas la experiencia del juego como una metáfora más profunda de la vida. Sin duda, la razón por la que algunas personas acaban dedicando su vida al deporte estriba en que, a través de él, se sienten conectadas a algo de índole superior. Ciertamente, uno de los principales objetivos para todo coach debe consistir en trabajar para crear una clase de "espíritu de equipo" gracias al cual sus jugadores sientan que tienen un propósito y que pertenecen a un equipo. Se trata, sin duda, de un factor clave para el éxito de cualquier equipo en competición, así como algo que puede acompañar a la persona el resto de su vida.

(9)

2

Coaching

No es voluntad de ganar lo que cuenta, todo el mundo la tiene. Lo que realmente cuenta es la voluntad para prepararse para ganar.

Paul "Bear" Bryant

Todos tenemos sueños, pero para que éstos se conviertan en realidad hace falta una gran cantidad de determinación, dedicación, autodisciplina y esfuerzo.

Jesse Owens

El cuidado y la guía evolucionan a menudo hasta convertirse en un coaching más profundo, que comporta una relación distinta con el cliente y un conjunto de herramientas también diferentes. A diferencia de los guías, los coaches ayudan activamente a sus clientes a desarrollar competencias de comportamiento específicas. El concepto de coaching, tal como lo utilizaremos en el presente capítulo, corresponde al de coaching con "c" minúscula o "coaching para la actuación". Tal como ha quedado establecido anteriormente, el coaching con "c" minúscula se centra más bien sobre el nivel del comportamiento, refiriéndose a los procesos involucrados en la ayuda a otra persona para alcanzar o mejorar determinada actuación de su comportamiento.

Comportamientos

La actuación de comportamiento eficaz implica la capacidad de sentir y coordinar las acciones del propio cuerpo mientras nos movemos dentro de un entorno determinado. Este nivel de aprendizaje y de cambio está relacionado con las actividades y los resultados específicos del comportamiento dentro de ese entorno, es decir, con qué sucede o se supone que sucederá en determinado dónde y cuándo. Así pues, nuestros comportamientos son las acciones y las reacciones físicas específicas a través de las que interactuamos con los demás y con el entorno que nos rodea. Los comportamientos son producto del sistema psicomotor, un nivel neurológico más profundo que el de los órganos sensoriales por los que percibimos el entorno.

Los comportamientos específicos en los que las personas se implican activamente, tales como tareas, procedimientos y relaciones interpersonales, sirven a modo de medio primario para la consecución de los objetivos y resultados deseados. Los factores del comportamiento son esos pasos concretos de acción que damos para alcanzar el éxito. Abarcan todo aquello que debe ser específicamente realizado o conseguido para triunfar en nuestro empeño.

Coaching del comportamiento

Como ya he mencionado anteriormente, los métodos de coaching con " c " minúscula derivan principalmente del modelo de coaching deportivo, promoviendo la percepción consciente de los recursos y las habilidades del individuo, así como el desarrollo de la competencia consciente. Tales métodos implican extraer de la persona sus propias capacidades y reforzarlas a través de una cuidadosa observación y de la realimentación positiva, así como facilitarle al individuo su actuación coordinada con los demás miembros del equipo. Los coaches de equipo eficaces observan cuidadosamente el comportamiento de sus pupilos y les proporcionan indicaciones y guía sobre cómo mejorar en determinados contextos y situaciones.

éstas son algunas de las creencias del coach con " c " minúscula al apoyar a otros y trabajar con ellos:

Cada persona tiene las capacidades que necesita para rendir con eficacia. Dichas capacidades pueden ser llevadas a la superficie mediante las recompensas y el estímulo adecuados.

Si recibe el estímulo y la realimentación apropiados, mi pupilo mejorará su rendimiento de forma natural.

Toda persona es la mejor del mundo en algo. Con el estímulo y la realimentación apropiados de mi parte, mi pupilo será lo mejor que puede ser.

Si una persona conoce mejor algo que ya hace bien, podrá fácilmente mejorarlo.

Mis pupilos crecerán y mejorarán esforzándose y recibiendo realimentación positiva por ello.

El estilo de liderazgo del coach con "c" minúscula es el de la **recompensa condicional**, que constituye una modalidad de liderazgo bastante directiva. Implica un compromiso de intercambio de intercambio de recompensa por el esfuerzo realizado. A este nivel, el buen coach le dice a su gente lo que tiene que hacer para alcanzar el éxito o la recompensa. Les garantiza a sus pupilos que a cambio de su esfuerzo podrán conseguir lo que desean, al mismo tiempo que los estimula con halagos y reconocimiento por el buen trabajo realizado. Los coaches con "c" minúscula proporcionan asimismo realimentación específica y constante sobre cómo mejorar el comportamiento.

Herramientas para el coaching: establecimiento de objetivos

Una de las habilidades más importantes del coaching consiste en ayudar a los demás a definir y consolidar objetivos. Como ya he señalado en la **Introducción** de este libro, más que hacia los problemas, las metodologías de coaching se enfocan hacia las soluciones y se orientan hacia los resultados. Sin duda, en ausencia de un objetivo, no es posible establecer ningún sistema de recompensas o realimentación.

El diccionario Webster define el **objetivo** como "el fin hacia el que se dirigen el esfuerzo o la ambición", y como "condición o estado por conseguir mediante una determinada línea de acción". Así pues, un objetivo es básicamente el estado o el resultado deseados por el individuo o el grupo. Es la respuesta a la pregunta: "¿Qué quiere usted?". Los objetivos son la fuente de motivación y pueden estimular poderosos procesos de autoorganización susceptibles de movilizar recursos, tanto conscientes como inconscientes.

Los objetivos constituyen una característica básica de las técnicas, las estrategias y las intervenciones de la Programación Neurolingüística. Se ha dicho que "si no quieres nada, la PNL no es para ti".

Dada su relevancia, es importante que los coaches ayuden a sus clientes a establecer objetivos apropiados y significativos. En este sentido, el buen coach se parece un poco al taxista. La primera pregunta que éste le hace a su cliente es: "¿Adónde quiere ir?". Por supuesto que puedes responderle: "Estoy harto de aquí, he tenido un montón de problemas. Ha sido horrible". Sin embargo, tras escucharte pacientemente y compadecerte de todo corazón, el taxista te repetirá respetuosamente la misma pregunta: "Así pues, ¿adónde quiere que le lleve?". Tú puedes seguir en tus trece y decirle algo así como: "No quiero ir al McDonald´s, y la última vez que fui al Zoo lo pasé fatal. Y, desde luego, no quiero ir a ningún sitio donde haga frío". De nuevo tendrás toda la simpatía del taxista, pero te volveré a preguntar: "Entonces, ¿adónde le llevo?".

Inducir objetivos y resultados de los clientes del coaching puede resultar a veces tan complicado como la tarea del pobre taxista de nuestro ejemplo. Lo más habitual es que, cuando acuden a la consulta, los clientes tengan mucho más claro lo que no quieren que lo que quieren.

Las descripciones que siguen esbozan algunos de los métodos utilizados para definir objetivos. Cada uno de ellos arroja su propia luz sobre la naturaleza real del estado deseado por el cliente.

Definición de objetivos

Los objetivos suelen establecerse **con relación a** un estado o a un estado problemático actuales. Supongamos, por ejemplo, que una persona tiene un problema de **"miedo a hablar en público".** La forma más sencilla (aunque a menudo la más difícil) de fijar el objetivo consiste en definirlo mediante la **negación del estado problemático.** Si ese estado problemático incluye el "miedo a hablar en público", el cliente puede inicialmente definir su objetivo como **"quiero dejar de tener miedo a hablar ante un grupo de personas".**

Si bien ésta es sin duda una forma corriente de definir objetivos, y puede sin duda ser un buen punto de partida, el problema sigue siendo que esta estrategia no responde realmente a la pregunta de: "¿Qué es lo que quieres?". Bien al contrario, constituye una declaración de lo que la persona no quiere y, por consiguiente, nunca puede ser un verdadero objetivo. De hecho, las afirmaciones negativas de esta índole suelen orientar la atención de la persona más bien hacia el estado problemático que hacia el estado deseado. Veamos, si no, la paradoja de la siguiente instrucción: "Durante los siguientes treinta segundos, no pienses en un elefante azul". Para saber que no estás pensando en él... ¡no te queda otro remedio que pensar en el bendito elefante azul!

Un segundo método corriente para fijar objetivos consiste en definirlos como la **polaridad** o lo opuesto al **estado problemático.** En el caso del "miedo a hablar en público", el cliente podría decir: **"Quiero sentir seguridad en mí mismo al hablar ante un grupo de personas".** ésta sigue siendo una estrategia lógica, que sin duda ayuda a la persona a enfocar su atención en un lugar distinto al problema situación, pero que también puede crear polaridades y conflictos internos. Al comparar con el estado problemático, fija una referencia constante. Recordemos que, en palabras de Albert Einstein, "nuestra forma de pensar crea problemas que la misma modalidad de pensamiento no puede resolver". En un mismo nivel de pensamiento, toda polaridad se define como su opuesto.

Un tercer tipo de proceso implica la utilización de una referencia externa, o modelo de referencia, como medio para definir el estado deseado. En la planificación y el desarrollo de una organización, esta estrategia es conocida como "marcación de hitos". En el caso del problema de hablar en público, la persona puede fijarse ese hito diciendo, por ejemplo: **"Quiero hablar a un grupo como lo haría Martin Luther King"**. Eso presenta algunas ventajas sobre la simple negación y la polarización, en la medida en que proporciona una referencia concreta con la que poder comparar, y ayuda a dirigir la atención lejos del estado lejos del estado problemático. Una de las dificultades que presenta es que fija objetivos que no están al alcance de la mano, por lo que puede resultar difícil identificarse con ellos. Por otra lado, está aclaro que puede conducir a falsas expectativas, o a crear la clase de incongruencia y falta de sinceridad que nace de la imitación, además de comparaciones negativas y sensación de fracaso. Existe también el peligro ecológico de aplicar un comportamiento adecuado a determinado contexto (es decir, al del modelo de referencia) a situaciones con las que puede no corresponderse.

Una cuarta estrategia para definir objetivos consiste en utilizar características clave que definan la estructura del estado deseado. Estas cualidades pueden encontrarse en uno mismo o en modelos clave de referencia. Con relación al tema de hablar en público, eso podría implicar algún razonamiento parecido a **"quiero personificar cualidades de maestría tales como flexibilidad, congruencia (coherencia), integridad, etc., cuando esté hablando ante un grupo de personas"**. En este caso, se trata de un enfoque esencialmente deductivo, que implica la manifestación de características y principios de un nivel superior, dentro de situaciones concretas. Si bien es cierto que abre la puerta a una mayor flexibilidad de acción y expresión, también lo es que queda necesariamente apartado de las experiencias personales específicas. Por consiguiente, puede aportar mayor claridad a la comprensión de lo que se necesita, pero no garantiza necesariamente que la persona implicada pueda llegar a realizar aquello que sabe que es necesario.

Una quinta estrategia de fijación de objetivos implica el establecimiento de un resultado "generativo". En lugar de venir definido con respecto al estado problemático o según referencias externas o abstractas, el resultado generativo implica la extensión de cualidades ya existentes llenas de recursos. Los resultados generativos son afirmaciones sobre aquello de lo que uno "quiere más", caracterizándose precisamente por la presencia de la palabra "más". Volviendo de nuevo al ejemplo de hablar en público, el cliente podría decir: **"Quiero ser más equilibrado y creativo"**. Un aspecto importante de este método generativo consiste en que se da por sentado que la persona ya posee al menos una de las cualidades o características deseadas, y es capaz de ponerla en práctica. Desde este enfoque, el resultado se ve como una simple cuestión de tener más de lo que uno ya posee.

Esto nos conduce a la sexta y última estrategia, que consiste en actuar "como si" uno ya hubiese alcanzado el estado deseado. Cuando permanecemos ligados al estado problemático, nos resulta más difícil definir los objetivos que queremos alcanzar. De hecho, a menudo eso es precisamente parte del propio problema. Cuando uno está atascado en el estado problemático, ser creativo y pensar en alternativas le cuesta mucho más. Con la estrategia "como si", nos retiramos del estado problemático y nos desplazamos en el tiempo al estado deseado, imaginando cómo sería la situación de haberlo alcanzado ya. En relación con la cuestión de hablar en público, la persona podría decir: **"Si ya hubiese alcanzado el estado que deseo, ahora mismo me sentiría relajado y cómodo ante este grupo de persona"**.

Todas las estrategias de fijación de objetivos aquí descritas tienen sus correspondientes ventajas, y ayudan tanto al cliente como a su coach a comprender mejor el estado deseado del cliente. De hecho, lo más efectivo es utilizarlas todas como parte integrante del proceso de definición de objetivos. Tomadas en conjunto, forman una poderosa secuencia para explorar y construir, desde perspectivas distintas, objetivos alcanzables.

Preguntas para marcar objetivos

Para ayudarles a desplazar su atención desde el estado problemático al estado deseado, así como para desarrollar una representación sólida y rica de sus objetivos, puedes utilizar con tus clientes la siguiente lista de preguntas.

Identifica el estado problemático:
¿Cuál es el estado problemático que quieres cambiar?
Mi problema consiste en que _____

Define tu objetivo utilizando cada una de las estrategias al efecto.

1. Negando el estado problemático. **¿Qué quieres dejar de hacer o evitar?**
   Quiero dejar de _____

2. Identificando la polaridad del estado problemático. **¿Qué es lo opuesto al estado problemático?**
   Quiero _____

3. Definiendo el estado deseado con respecto a una referencia externa. **¿Quién puede ya alcanzar un estado deseado parecido al que tú quieres alcanzar?**
   Quiero actuar o ser como _____

4. Utilizando características clave para definir el estado deseado. **¿Qué características importantes (personificadas en el modelo de referencia que acabas de seleccionar en la respuesta anterior) te gustaría manifestar en el estado deseado?**
   Quiero personificar las características de _____

5. Estableciendo un resultado *"generativo"*: ampliar cualidades ya existentes llenas de recursos. **¿Qué cualidades asociadas con tu estado deseado posees ya y quisieras tener con mayor medida?**
   Quiero tener más de _____

6. Actuando *"como si"*. **Si ya hubieses alcanzado el estado deseado, ¿qué estarías haciendo, o haciendo más que ahora?**
   Si ya hubiese alcanzado mi estado deseado, estaría _____

Una vez que hayas definido un objetivo, es importante que está *"bien formado"*. La Programación Neurolingüística ha establecido una serie de *"condiciones de buena formación"* para los objetivos, que sirve de ayuda para asegurarse de que éstos sean realistas, motivadores y alcanzables.

Herramientas para el coaching: objetivos bien formados

Las condiciones de buena formación constituyen un conjunto de requisitos que los objetivos deben satisfacer para poder producir resultados eficaces y ecológicos. En la Programación Neurolingüística, el objetivo se considera *"bien formado"* cuando puede ser:

1. formulado en términos positivos;
2. definido y evaluado según evidencia basada en los sentidos;
3. iniciado y mantenido por la persona o el grupo que lo desea;
4. respetuoso con los subproductos positivos del estado presente;

5.   apropiadamente contextualizado para encajar con la ecología del sistema que lo rodea.

En resumen, podemos decir que un objetivo puede considerarse bien formado cuando cumple las siguientes condiciones:

1. **El objetivo debe estar formulado en términos positivos.** En muchos aspectos es práctica y lógicamente imposible imponer a alguien la negación de una experiencia. Así pues, si un cliente nos dice: "No quiero volverme a sentir ansioso", o "No quiero ser tan crítico conmigo mismo", o "Quiero sentirme menos molesto con mis compañeros de trabajo", la primera tarea del coach consistirá en descubrir qué es lo que su cliente realmente quiere en lugar de la experiencia negativa que no quiere (recordemos el ejemplo del taxi). Para ello puede preguntar, por ejemplo: "Si no te sintieses ansioso, ¿cómo te sentirías?", o "¿Qué te gustaría hacer contigo mismo en lugar de criticarte?", o "¿Cómo serían las cosas si pudieses sentirte menos incómodo con tus compañeros de trabajo?". En general, resulta mucho más fácil orientar al cliente hacia un resultado positivo que alejarlo de otro negativo.

2. **El objetivo tiene que ser comprobable y demostrable mediante la experiencia sensorial.** El único modo en que fijar un objetivo puede ser utilidad para alguien consiste en que el sujeto implicado pueda percibir y evaluar su progreso hacia él mientras trata de alcanzarlo. Volviendo al ejemplo del taxi, eso significa que debemos darle al taxista una dirección a la que pueda llegar. Si le decimos algo así como "Quiero ir a algún sitio bonito", el conductor carecerá de la información específica suficiente para llegar a ese lugar. De forma parecida, los coaches deben ayudar a sus clientes a identificar y definir pruebas de comportamiento de sus estados deseados. El coach eficaz deberá establecer como mínimo dos grupos de criterios o tests para el objetivo de su cliente: a) uno para el contexto actual de coaching, y b) otro que el cliente pueda utilizar fuera de este contexto. Por ejemplo, el coach puede preguntar: "¿Cuál sería la prueba para ti y para mí, aquí y ahora, de que puedes alcanzar el objetivo que deseas?", y "¿Cuál sería la prueba para ti de que has alcanzado (o estás alcanzando) tu(s) objetivo(s) con tus compañeros de trabajo (esposa, hijos, familia, jefe, etc.)?" De este modo, el coach dispone de un medio explícito para saber que ha tenido éxito con su cliente

3. **El estado deseado debe ser iniciado y mantenido por el cliente.** Uno de los objetivos principales de todo coach eficaz consiste en ubicar el control, en lo concerniente a la consecución del objetivo deseado, en manos

de su cliente. De este modo, si un cliente le dice: "Quiero que mi supervisor deje de ignorarme", esa información no satisface todavía ninguno de los requerimientos hasta aquí relacionados para un objetivo bien formado. En este caso, el coach deberá preguntar primero: "¿Qué haría el supervisor si no te estuviese ignorando?, buscando una formulación positiva del objetivo. Acto seguido buscará una descripción basada en los sentidos sobre cómo prestaría el supervisor atención a su cliente. Algunas respuestas satisfactorias podrían ser: "Me **hablaría** más sobre los proyectos en los que estoy trabajando", o "Se **daría cuenta** más a menudo de la calidad de mi trabajo y me la **comentaría**". El coach colocará entonces el control del resultado en manos de su cliente preguntándole: "¿Qué podrías hacer (haber hecho, estar haciendo) para que tu supervisor quiera hablarte de tus proyectos y comentar tu trabajo más a menudo?". El coach puede entonces ayudarle a desarrollar la flexibilidad de comportamiento necesaria para alcanzar el objetivo deseado.

4. **El estado deseado debe preservar cualquier subproducto positivo del estado presente.** Los subproductos positivos de comportamientos aparentemente negativos se entienden mejor en relación con eso que denominamos hábitos (fumar, comer demasiado, beber alcohol, etc.). Muchos fumadores, por ejemplo, fuman para calmarse cuando están nerviosos. Un número sorprendente de fumadores lo hace para recordarse y obligarse a sí mismos a respirar profundamente. Si un fumador deja de fumar sin haber adoptado antes una alternativa con la que pueda relajarse y respirar profundamente, experimentará dificultades e incomodidades. Cuando el subproducto positivo del estado actual no es tenido en cuenta en el estado deseado, lo más probable es que el individuo adopte substitutos que pueden ser tanto o más problemáticos que el estado inicial, por ejemplo comiendo en exceso o dándose a la bebida en vez de fumar cuando se siente nervioso, o manifestando alguna otra modalidad de "substitución de síntoma". Muchas personas dan largas para evitar las consecuencias desagradables potenciales de pasar a la acción. Particularmente en el caso de compañías y de organizaciones, las repercusiones de cualquier efecto no deseado deberían ser analizadas con detalle, para poder estar preparados para manejarlas adecuadamente. El coach deberá explorar lo que tanto el cliente como su sistema pueden perder y ganar con el logro de cualquier resultado. En ocasiones, la onda expansiva a través de un sistema, resultante del cambio en uno solo de sus componentes, puede generar un resultado aún más problemático que el problema inicial.

5. El resultado debe estar apropiadamente contextualizado y ser ecológicamente sólido. Muchas veces las personas formulan sus resultados en forma de "cuantificadores universales". En tales casos se infiere que el resultado es deseado en todos los contextos y en todas las circunstancias, cuando, en realidad, el comportamiento anterior puede muy bien ser adecuado y útil en determinadas situaciones e, inversamente, el comportamiento deseado puede ser inapropiado o problemático en otras. Por consiguiente, si alguien nos dice: "Quiero dejar de dudar tanto a la hora de compartir mis ideas", el coach deberá preguntarle: "¿Existe alguna situación en la que puedas querer dudar a la hora de compartir tus ideas?". Del mismo modo, si alguien nos dice: "Quiero ser más firme con los miembros de mi equipo cuando no cooperen", el coach le preguntará: "¿Existe alguna situación en la que, aunque los miembros de tu equipo no cooperen, tú no quieras demostrar firmeza?" En ambos casos el coach está fijando los límites apropiados entre resultados deseables e indeseables. El objetivo del coaching eficaz no consiste en suprimir respuestas o comportamientos ni en substituir simplemente un comportamiento por otro, sino en proporcionarle más opciones al cliente. Para asegurarse de que las opciones ofrecidas al cliente son las mejores, el coach deberá a menudo ubicar los resultados deseados en contextos (tiempos, personas, lugares, actividades, etc.) específicos.

Plantilla para un objetivo bien formado

El papel más importante del coaching con "c" minúscula consiste en proporcionar realimentación y estímulo a los clientes, de modo que puedan reconocer y optimizar sus acciones y comportamientos clave. La siguiente "parábola de la marsopa" proporciona una poderosa analogía y un sólido conjunto de principios para los coaches de cualquier índole.

El antropólogo Gregory Bateson dedicó varios años al estudio de los patrones de comunicación de marsopas y delfines. Para aumentar el ámbito de su investigación, la institución con la que trabajaba realizaba a menudo espectáculos ante el público con los animales objeto de estudio, en ocasiones hasta tres veces por día. Los investigadores habían decidido mostrar al público el proceso de coaching para que la marsopa realizara alguna gracia. Se hacía pasar a la marsopa desde el tanque de mantenimiento al de actuación, situado frente al público. El coach esperaba entonces a que la marsopa realizara algún acto llamativo (para los humanos, se entiende) tal como sacar la cabeza del agua de cierta manera. El coach hacía sonar entonces un silbato y le daba un pez a la marsopa. Luego esperaba a que el animal repitiera la acción, volvía a tocar el silbato y le daba otro pez. Bien pronto la marsopa había aprendido qué tenía que hacer para conseguir un pescado y sacaba la cabeza fuera del agua con bastante frecuencia, demostrando de este modo su capacidad para aprender.

Sin embargo, un par de horas más tarde, la misma marsopa era introducida de nuevo en el tanque de actuaciones para un segundo pase. Naturalmente, comenzaba de inmediato a sacar la cabeza del agua como antes, esperando escuchar el silbato y recibir la correspondiente recompensa. Pero su coach no quería que repitiese la gracia, sino que aprendiese otra nueva. Tras pasarse casi dos terceras partes del espectáculo repitiendo una y otra vez la gracia aprendida, la frustrada marsopa acabó por cansarse y meneó la cola fuera del agua. Inmediatamente, su coach tocó el silbato y le lanzó un pez. Sorprendida y algo confusa, la marsopa volvió a menear la cola y recibió de nuevo el toque de silbato y el pescado. Bien pronto estaba meneando alegremente la cola todo el tiempo, demostrando de nuevo que era capaz de aprender con éxito, tras lo cual se la devolvió al tanque de mantenimiento.

En la tercera sesión, tras haber sido trasladada al tanque de exhibiciones, la marsopa comenzó a menear escrupulosamente la cola para recibir su recompensa, tal como había aprendido a hacer en la sesión anterior. Pero su coach no le hizo caso, porque lo que quería era que hiciese algo nuevo. Una vez más el animal dedicó casi las dos terceras partes de la actuación a insistir con creciente frustración en el comportamiento aprendido, hasta que, cansado y aburrido, hizo algo diferente: girar sobre sí misma. Inmediatamente, su coach tocó el silbato y le lanzó de nuevo un pescado. Al cabo de un rato había aprendido perfectamente a girar sobre sí misma para el público, y fue devuelta a su tanque de mantenimiento.

Durante catorce actuaciones la marsopa repitió el mismo patrón de comportamiento, dedicando las dos terceras partes de cada actuación a repetir inútilmente el comportamiento que había sido reforzado en la actuación anterior hasta que, de forma aparentemente "accidental", ensayaba un comportamiento llamativo distinto y conseguía culminar satisfactoriamente la demostración de coaching.

Sin embargo, con cada actuación la marsopa parecía sentirse más perturbada y frustrada por "equivocarse", por lo que su coach consideró oportuno suavizar las reglas del contexto de coaching y darle de vez en cuando un "pescado extra", para preservar de este modo su relación con el animal.

Si la marsopa acabara por sentirse, demasiado frustrada con su coach, podría rehusar cooperar con él, lo cual significaría un grave revés tanto para la investigación como para el espectáculo.

Finalmente, entre las actuaciones decimocuarta y decimoquinta, la marsopa parecía casi loca de excitación, como si hubiese descubierto de repente una mina de oro. Cuando fue introducida por decimoquinta vez en el tanque de actuaciones, realizó una complicada demostración que comprendía ocho comportamientos nuevos completamente distintos, cuatro de los cuales nunca habían sido observados en animales de esta especie.

Principios de coaching ilustrados por la parábola de la marsopa

Repasemos los elementos importantes de esta historia:

1) La marsopa tenía que aprender determinada clase de comportamiento, en oposición a un comportamiento concreto.

2) Las especificidades del comportamiento quedaban determinadas por la marsopa, no por su coach. En realidad, la principal tarea de éste consistía en manejar el contexto a fin de extraer un nuevo comportamiento de la marsopa.

3) El problema de aprendizaje era específico de determinado contexto (el tanque de actuaciones).

4) El silbato no era un estímulo específico, destinado a activar determinada respuesta, sino más bien un mensaje para la marsopa acerca de algo que ya había realizado.

5) Más que un refuerzo por el comportamiento exhibido, los pescados dados a la marsopa eran un mensaje sobre su relación con el coach. El pescado era, pues, un metamensaje.

6) De no haberse preocupado el coach de su relación con la marsopa y de tomar medidas para preservarla, el experimento hubiese fracasado.

7) Tanto la marsopa como su coach estaban siendo observados por una audiencia. En realidad, el propósito de todo el contexto de coaching consistía en complacer al público.

Según Bateson, más que activadores de reflejos, los estímulos utilizados en esta clase de experimentos son marcadores contextuales que le dan al animal claves para interpretar el contexto. En otras palabras, constituyen una especie de metamensaje. La combinación silbato-pescado compone un marcador contextual que dice: "Repite eso que acabas de hacer". El tanque de exhibiciones es otro marcador contextual que envuelve al contexto silbato-pescado y dice: "Haz algo distinto a lo que hiciste en las actuaciones anteriores". Como señala Bateson, la relación con el coach es el contexto del contexto del contexto, es decir, es un contexto que envuelve a los otros dos. La relación con el coach va más allá del tanque de mantenimiento, del tanque de actuaciones, del silbato y del pescado. Asimismo, el contexto definido por la responsabilidad implícita del coach ante su audiencia influye sobre su relación con la marsopa.

Relación entre la parábola de la marsopa y el coaching

En la analogía o parábola de la marsopa de Bateson, el preparador y el animal simbolizan al coach y a su cliente, el tanque de actuaciones es la consulta, la clase, o cualquier otro entorno en que deba actuar el cliente, y el público que observa a ambos representa la organización o el sistema social que incluye a ambos.

De forma parecida al buen coach, la misión del preparador de la marsopa no consiste en "condicionar" comportamientos específicos del animal sino más bien en conseguir que éste se vuelva creativo dentro de su propio contexto natural de comportamiento. El éxito del coaching consiste en la capacidad del coach para "extraer" o liberar la creatividad de la marsopa, lo cual implica apoyarla para que genere nuevos comportamientos por sí misma, dentro de las condiciones y los límites definidos por un espacio y un tiempo determinados.

El coach de la marsopa no es un observador extraño, incorporal y objetivo (como muchos investigadores que trabajan con animales quisieran percibirse a sí mismos), sino que mantiene más bien una relación intensa con el animal y su éxito depende, precisamente, del mantenimiento de la calidad de dicha relación. La comunicación dentro de la relación no es conducida a través de "estímulos" y "refuerzos" objetivados, sino mediante mensajes y metamensajes acerca de 1) el estado y el estatus de los individuos involucrados en la relación, 2) el conjunto de contextos en los que tienen lugar tanto la tarea como la relación, y 3) el nivel de los mensajes que están siendo enviados. El medio en el que se envía el mensaje es un mensaje de nivel superior acerca del mensaje que está siendo enviado.

Aplicación de la parábola de la marsopa

La parábola de la marsopa pone de relieve algunos principios importantes para el coaching y el aprendizaje, a saber:

1. La importancia, tanto de la tarea como de la relación, para mejorar los comportamientos.

2. La importancia y las dificultades de aprender a aprender, como parte de una actuación eficaz.

3. La influencia de otros (el público) sobre las actividades y las relaciones entre el coach y el cliente.

4. La importancia de diferentes clases de realimentación (el silbato y el pescado) en relación con el aprendizaje.

5. El hecho de que la realimentación eficaz está relacionada tanto con la información (el silbato) como con la motivación (el pescado).

6. Un nivel de aprendizaje superior implica una actividad automotivada por parte de quien aprende.

7. La falta de realimentación positiva puede dañar la relación entre coach y cliente, provocando que este último "abandone".

Alguien que quiere aprender a hacer algo mejor es como la marsopa en el tanque. Debe realizar cambios en su comportamiento iniciados por él mismo, según sea la naturaleza del contexto, y responder a numerosas clases de realimentación.

El enfoque de la Programación Neurolingüística al coaching eficaz implica la puesta en práctica de realimentación y recompensas parecidas a las que la parábola de la marsopa describe. Los sujetos involucrados se implican en actividades que incluyen interacciones con otros, relacionadas con la definición y la consecución de determinados objetivos. En diversos puntos de estas actividades, reciben dos clases de realimentación: "toques de silbato" y "pescados". Los primeros se dan en forma de observaciones acerca de determinados comportamientos, mientras que los segundos se transmiten en forma de comentarios personales que reflejen algo que al observador le ha gustado de esos comportamientos. Estas clase de realimentación no es tan sólo proporcionada por los coaches y preparadores "oficiales", sino también por todos los demás miembros del grupo de aprendizaje. En un nivel, el propósito de esta clase de realimentación consiste en identificar lo que alguien hace bien y en estimularle para que haga más de lo mismo. A otro nivel más profundo, el propósito consiste en estimular al individuo a tener más iniciativa, a buscar continuamente formas de mejorar y ser más flexible.

Para poder transmitir eficazmente esta clase de realimentación, es necesario aprender primero cómo diferenciar entre observaciones e interpretaciones. El "toque de silbato" debe basarse en comportamientos concretos y observables, mientras que el "pescado" simboliza las interpretaciones relacionadas con esos comportamientos. En esta clase de realimentación, la regla fundamental consiste en que por cada observación que hagas, tienes que proporcionar también un "pez" en forma de comentario sobre lo que te ha gustado de lo que te ha gustado de lo que has observado. Las observaciones no acompañadas de alguna interpretación o respuesta no son más que meros datos. No contienen motivación ni significado alguno. Es como si el coach de la marsopa tocara el silbato pero nunca le diera un pescado. La realimentación proporciona información únicamente cuando contiene datos específicos relacionados con la tarea que hay que realizar (como el silbato del coach) . La realimentación proporciona motivación únicamente cuando se da más "sentido" a la información o a la tarea (como cuando el coach establece una relación entre la tarea y el pescado de recompensa) .

De forma parecida, si haces algún comentario sobre algo que te ha gustado, deberás añadir también una descripción del comportamiento específico al que tu comentario se refiere. Si se alaba a la persona o se le da alguna otra forma de recompensa sin informarle de lo que ha hecho para merecerlo, se preguntará: " ¿Qué es lo que he hecho? ¿A qué viene esto? " . Eso se debe a que no tiene ni idea de qué es lo que tiene que repetir o mejorar.

Por ejemplo, supongamos que una persona acaba de hacer una presentación de su visión y su misión y que, cuando ha concluido, uno de los miembros del grupo le dice: "He observado que mantenías constantemente el contacto visual con los miembros del grupo (toque de silbato), y que esto hacía más fácil mantener la sensación de que somos parte de un mismo equipo (pescado) " .

Así pues, la forma básica de realimentación contiene siempre dos elementos clave:

Qué es lo que he observado: _____

Qué es lo que más me ha gustado de ello: _____

Asimismo, es recomendable dar "regalos" o "pescados extra", en forma de estímulos o comentarios positivos, que no estén relacionados con la tarea. Por ejemplo, una persona puede decirle a la otra: "Aprecio tu compromiso con la coherencia y la integridad", o "Gracias por tu apoyo y tu estímulo" . Este tipo de mensaje está principalmente enfocado hacia el individuo y la relación.

Su propósito consiste en reforzar el sentimiento de sintonía entre los miembros del equipo.

Observarás que este proceso no incluye ninguna realimentación negativa o "correctiva". La atención se centra en aquello que la persona hace y funciona bien. Como hemos visto en el ejemplo de la marsopa, el coach no le da un "pescado podrido" al animal si lo que hace no le gusta. Tampoco le impone ninguna clase de castigo o de condicionamiento negativo. En lugar de recibir realimentación negativa, lo único que la marsopa recibe es una ausencia de silbato y de pescado, hasta que decide hacer algo nuevo.

Hay quienes opinan que esta clase de realimentación acaba por ser ineficaz, porque el individuo se construye la ilusión de que lo está haciendo siempre bien y de que no comete ninguna equivocación. Eso podría ser cierto, de no ser por los otros elementos del proceso. Un ejecutivo muy sensato dijo en una ocasión que para "crecer como líder" la persona debe tener "la fuerte voluntad de modificar el entorno para mejorarlo y, por consiguiente, crear tales situaciones de reto que únicamente puedan ser superadas cambiando". Y es precisamente ahí donde el que aprende participa creando la situación que le conducirá a su propio crecimiento. Se evita de este modo la "ilusión" de éxito, en la medida en que se estimula a quien aprende a crear esas "situaciones de reto" para sí mismo. Habida cuenta de que el entorno no es hostil, quien está aprendiendo puede controlar su camino de aprendizaje autogestionado.

Las presuposiciones de este método son: **"Estás en un contexto en el que aprender es seguro. Puedes ser curioso y creativo, y desafiarte a ti mismo. Cuanto crezcas y aprendas dependerá de tu propia iniciativa. Está bien que pruebes cosas nuevas y cometas errores. Nada malo va a ocurrirte si no lo haces perfectamente al principio. Estarás guiado por apoyo concreto y firme. Lo que más importa es que saques lo mejor de ti mismo. Nadie va a criticarte si no lo haces 'como es debido', puesto que no existe una única forma de hacer bien las cosas. En lugar de eso, la eficacia de tus acciones cambiará según el contexto y la clase de 'público' que tengas, y que aprenderás a determinar siendo más consciente de ciertos indicios. Así pues, es importante que explores continuamente nuevos comportamientos y que desarrolles tu percepción, tu flexibilidad, y tu dominio de ti mismo".**

No olvides que el propósito de esta clase de realimentación consiste en estimular el desarrollo de la flexibilidad, junto con la capacidad de producir nuevos comportamientos como modo de adaptación a contextos cambiantes. Si la persona necesitara seguir determinado procedimiento en un entorno estable u hostil, podría resultar más adecuado un proceso que implicara supervisión y realimentación correctiva. El objetivo de este método de aprendizaje consiste en extraer, "revelar" y maximizar las capacidades naturales por medio de un proceso de estímulo y realimentación eficaz.

Herramientas para el coaching: realimentación y "estiramiento"

Uno de los objetivos del coaching consiste en ayudar a las personas a desarrollar una mayor flexibilidad de comportamiento. El siguiente ejercicio aplica una serie de principios derivados de la parábola de la marsopa, para ayudar a estimular y recompensar actuaciones eficaces.

1. El actuante (cliente) selecciona un contexto en el que desarrollar un objetivo de comportamiento bien formado, definido por él.

2. Con la ayuda del coach, el actuante personifica durante unos cinco minutos un papel sencillo (simulando el contexto por él elegido) , para poder así practicar a nivel del comportamiento el logro de sus objetivos.

3. Una vez finalizado este breve ensayo, el coach le da realimentación del modo siguiente:

Qué es lo que he observado: _____

Qué es lo que me ha gustado de ello: _____

Esta realimentación puede ser oral o escrita. Proporcionar "pitidos y pescados" por escrito permite que la gente se lleve los escritos a casa y los relea cuando quiera.

4. El coach anota entonces sugerencias sobre comportamientos específicos que podrían poner a prueba, "estirar" o incrementar la flexibilidad del actuante en relación con sus objetivos, tales como:

Mueve más (o menos) las manos

Cambia de posición física con respecto a la otra persona

Mantén contacto visual constante con la otra persona

Habla mediante analogías y metáforas

5. El actuante elegirá alguna de las sugerencias y volverá a ensayar su papel durante dos o tres minutos, incorporando ese nuevo comportamiento al tratar de alcanzar su(s) objetivo(s) .

6. Pasados los dos o tres minutos, el actuante se detiene y recibe de nuevo realimentación de su coach, en forma de:

Qué es lo que he observado: _____

Qué es lo que me ha gustado de ello: _____

Este proceso puede repetirse tantas veces como ambos crean conveniente.

Al trabajar con un grupo o con un equipo pueden ser varias las personas que ofrezcan "pitidos y pescados" al actuante, para incrementar de este modo la cantidad de realimentación y de opciones que éste recibe.

Al final del proceso, el actuante puede compartir con los demás lo que ha aprendido sobre sus competencias conscientes e inconscientes.

Herramientas para el coaching: análisis por contrate y "cartografía cruzada"

Una vez que los objetivos bien formados y los criterios de actuación han sido establecidos, una de las tareas principales del coach consiste en identificar y activar los recursos clave necesarios para alcanzar los resultados deseados y cumplir con los criterios fijados. El análisis por contraste y la "cartografía cruzada" constituyen un conjunto de herramientas muy poderosas para tal fin.

El análisis por contraste y la cartografía cruzada son un buen ejemplo de aplicación práctica del bucle coaching-modelado. El término **análisis por contraste** hace referencia al proceso de comparar diferentes estados, representaciones, mapas, actuaciones o descripciones, con el propósito de descubrir las "las diferencias que marcan la diferencia". Comparando y contrastando, uno puede descubrir información que le permita tener una mejor comprensión de la estructura de la experiencia, como, por ejemplo, en el caso de una persona que tiene una experiencia de creatividad en determinado contexto, y otra de no creatividad en un contexto distinto. Ambas situaciones pueden ser analíticamente contrastadas mediante las diferencias clave implicadas. Esta persona puede observar de qué modo difieren en ambas situaciones aspectos tales como los sentimientos, la posición del cuerpo, el centro de atención, las creencias y los valores, las estrategias de pensamiento o las condiciones del entorno. El conocimiento de estas diferencias puede ser entonces utilizado para establecer cambios estratégicos que le permitan a la persona ser más creativa en la situación en la que antes se quedó bloqueada.

Cartografía cruzada es un término utilizado para describir el proceso de transferencia de características o elementos de una estrategia, situación o estado a otra u otro distintos. El proceso de "cartografía cruzada" constituye una técnica básica, en la que determinadas características de un estado, de una estrategia o de una situación (como, por ejemplo, un estado de plenitud de recursos) pueden ser transferidas a otro estado o situación (como, por ejemplo, un estado problemático), contribuyendo de este modo a precipitar el cambio o a producir una solución. La cartografía cruzada se lleva a cabo normalmente junto con el análisis por contraste, en el que se comparan los procesos y las características de dos experiencias y situaciones, buscando las semejanzas y las diferencias entre ambas. Algunas de esas características de un estado o estrategia son entonces transferidas al otro mediante una guía verbal, o utilizando cualquier otra estrategia de comportamiento.

Así pues, el proceso de cartografía cruzada implica varios pasos:

1. Identificar los estados o las situaciones por contrastar.

2. Comparar y contrastar ambos estados o situaciones para inducir e identificar las diferencias clave entre ellos.

3. Alterar las características de uno de los estados o situaciones (por ejemplo, de un estado de bloqueo), incorporándole características clave del otro estado o situación (de plenitud de recursos). Eso puede lograrse mediante sugerencias verbales, interpretación de funciones, planificando o actuando "como si".

Veamos a continuación un sencillo procedimiento de coaching/ modelado, con el que el coach puede aplicar el proceso de cartografía cruzada con un individuo o un equipo para aportar recursos a una situación dificultosa. Esto se hace contrastando esta situación con ejemplos pasados de éxito, para identificar en ellos (busca modelos) los factores clave del éxito y transferirlos al contexto actual.

Procedimiento de análisis por contraste

1. Pedirle al individuo o al miembro del equipo que piense en alguna situación difícil.

¿Cuál es la situación difícil a la que te enfrentas?

2. Pedirles al individuo y a otros miembros del equipo que evoquen ocasiones en las que consiguieron actuar perfectamente.

¿Puedes recordar alguna situación parecida en la que hayas conseguido mantener tus recursos y salir airoso?

3. Reflexionar juntos sobre los factores clave del éxito pasado y sobre sus enseñanzas.

¿Qué fue lo que hiciste? ¿Qué fue lo que aprendiste?

4. Analizar cuáles de estos factores y de estas enseñanzas pueden ser transferidos o "cartografiados" a la presente situación difícil.

¿Cómo podrías aplicar al reto actual lo que hiciste o lo que aprendiste en aquella situación?

Postura corporal y actuación

Como complemento al proceso de análisis por contraste, se pueden utilizar las siguientes imágenes para ayudar a los clientes a identificar características clave del comportamiento, asociadas a estados de plenitud de recursos. Se le puede pedir al cliente que rodee con un círculo las imágenes que mejor representen su postura corporal cuando se encuentra en un estado de buen rendimiento, y señalar con un cuadrado las que se correspondan con una situación de sentirse bloqueado, distraído o dubitativo. (El cliente deberá señalar una vista frontal y otra lateral para cada caso).

Gestos y actuación

Recordando los estados contrastados, identificados con esta primera comparación, el cliente rodeará acto seguido la imagen de entre las siguientes que más se parezca a los gestos que utiliza con mayor frecuencia cuando se encuentra en un estado de rendimiento eficaz, o bien los dibujará sobre la figura de la derecha si son distintos.

Luego rodeará la imagen de entre las siguientes que más se parezca a los gestos que utiliza con mayor frecuencia cuando se encuentra en un estado de bloqueo, o bien los dibujará sobre la figura de la derecha si son distintos.

Herramientas para el coaching: anclaje

El anclaje es otra de las herramientas poderosas que los coaches pueden utilizar para ayudar a sus clientes a acceder y transferir recursos a situaciones y contextos en los que les sean necesarios. En Programación Neurolingüística, el término anclaje se refiere al proceso consistente en asociar una respuesta del comportamiento a algún activador mental o físico, de modo que resulte posible volver a acceder rápidamente a la respuesta deseada. El anclaje es un proceso aparentemente parecido a la técnica de "condicionamiento" utilizada por Pavlov para crear un vínculo entre el sonido de un timbre y la salivación en perros. Asociando el sonido del timbre con el momento de darles comida a sus perros, Pavlov descubrió que los perros acababan por salivar al oír el timbre, aunque no hubiese comida de por medio. Sin embargo, en la fórmula de condicionamiento de estímulo y respuesta del conductista, el estímulo es siempre un indicador ambiental, y la respuesta es en todos los casos un comportamiento específico.

En PNL, esta clase de condicionamiento asociativo se ha ampliado hasta abarcar los vínculos entre aspectos de la experiencia distintos a indicadores puramente ambientales y respuestas de comportamiento. Por ejemplo, el recuerdo de una imagen puede muy bien ser un ancla para determinado sentimiento. Tocarse una pierna puede serlo para una fantasía visual, o incluso para una creencia. Determinado tono de voz puede convertirse en un ancla para un estado de excitación o de confianza. Cada persona puede decidir conscientemente si desea establecer y activar esta clase de asociaciones. De este modo, en lugar de ser un simple reflejo inconsciente como el del golpecito en la rodilla, el ancla se convierte en una herramienta del poder de uno mismo. El anclaje puede ser una herramienta muy útil para ayudar a establecer y reactivar los procesos mentales asociados con la creatividad, el aprendizaje, la concentración y otros recursos importantes.

Ancla tus recursos internos

Los coaches pueden ayudar a sus clientes a utilizar anclas o activadores que les permitan acceder rápidamente a sus recursos internos cuando los necesiten. El anclaje utiliza el proceso natural de asociación para ayudar a los clientes a evocar experiencias positivas. También puedes hacerlo tú mediante los pasos siguientes:

1. Identificar un recurso interno que pueda ayudarte a mejorar tu rendimiento (p. ej., determinación, motivación, seguridad, calma, etc.)

2. Evocar alguna ocasión en que hayas experimentado fuertemente este recurso.

3. Buscar algo que puedas utilizar como ancla o activador de ese recurso (un objeto, una imagen mental, una palabra clave, un gesto, etc.).

4. Volver a situarte en la experiencia   de ese recurso. Ver lo que viste, escuchar lo que escuchaste y sentir lo que sentiste, tan vívidamente como puedas. Desplazando brevemente tu atención al elemento activador o ancla que has elegido, conecta con él el recuerdo de esa experiencia.

5. Despeja tu mente unos instantes. Haz cualquier cosa para distraerte.

6. Ahora presta atención de nuevo a tu ancla. Deberías recuperar de inmediato el recurso que le has asociado. En caso contrario, repite el paso 4 tantas veces como sea necesario.

Resumen

El coaching del rendimiento, o coaching con "c" minúscula, está dirigido a ayudar a los clientes a desarrollar competencias de comportamiento específicas. Los métodos de esta clase de coaching implican la extracción y el refuerzo de las capacidades de la persona mediante observación, estímulo y realimentación. Los coaches de rendimiento eficaces observan cuidadosamente el comportamiento de sus clientes. Luego les proporcionan información y guía sobre cómo mejorar en situaciones y contextos específicos, en les ayudan a lograr pleno acceso a sus propios recursos internos.

Establecer objetivos y resultados bien formados constituye una de las herramientas básicas del coach de rendimiento eficaz. Unos objetivos claros proveen de dirección y sentido a todas las actividades relacionadas con el coaching.

Proporcionar realimentación positiva y estímulo a través de mensajes explícitos, dirigidos tanto a la tarea como a la relación, constituye una forma eficaz de ayudar al cliente a extender y desarrollar la flexibilidad de comportamiento, para alcanzar con mayor eficacia los resultados deseados.

Las herramientas del análisis por contraste y de la cartografía cruzada ayudan a los clientes a ser más conscientes de los factores mentales y físicos que producen un comportamiento eficaz, así como a aplicar esos factores de éxito de forma más consciente con el fin de producir resultados eficaces en otros contextos diferentes.

El anclaje es una herramienta útil para ayudar a los clientes a acceder y transferir sus propios recursos internos entre contextos y situaciones diferentes.

(10)

La premisa del modelo de Niveles NeuroLógicos consiste en que cada uno de ellos tiene su estructura y su función propias en nuestra vida. Consecuentemente, son necesarios diferentes tipos de apoyos para producir o manejar eficazmente cambios en cada nivel. Por ejemplo, ..., la entrenamos para que adquiera o mejore competencias de comportamiento específicas, ...

Coaching
Robert Dilts

3

Enseñanza

Aprender es descubrir lo que ya sabes. Hacerlo es demostrar que lo sabes. Enseñar es recordarles a otros que lo saben tan bien como tú.

Richard Bach

Enseñar es el proceso consistente en ayudar a otros a desarrollar habilidades y capacidades cognitivas. El objetivo de la enseñanza consiste en ayudar a las personas a incrementar sus competencias y sus "habilidades mentales" que tengan relación con determinada área de conocimiento. La enseñanza centra su atención en la adquisición de capacidades cognitivas generales, más que en comportamientos concretos en situaciones específicas. El maestro eficaz ayuda a la persona a desarrollar nuevas estrategias, tanto de pensamiento como de acción. Más que sobre la mejora de cualquier actuación anterior, el énfasis de la enseñanza recae sobre el aprendizaje de nuevo.

Desarrollo de capacidades

Nuestras **capacidades** cognitivas están relacionadas con los mapas, planes y estrategias mentales que conducen al éxito. Dirigen el **cómo** son seleccionadas y controladas las acciones. Las capacidades implican el dominio de categorías enteras de comportamientos, como, por ejemplo, saber **cómo** hacer tal o cual cosa. Si bien algunos comportamientos son simples respuestas reflejas a los estímulos del ambiente, la mayoría de nuestros actos no lo son. Gran parte de nuestro comportamiento viene condicionado por nuestros propios "mapas mentales" y otros procesos internos, cuya fuente reside en nuestra mente. Es éste un nivel de experiencia que va más allá de nuestras percepciones directas del entorno inmediato. Por ejemplo, podemos construir imágenes mentales que trasciendan la habitación concreta en la que nos encontramos. Podemos recordar conversaciones y acontecimientos que tuvieron lugar hace años. Podemos imaginar sucesos que tal vez ocurrirán dentro de varios años.

Las capacidades provienen del desarrollo de un mapa mental que nos permite seleccionar y organizar grupos de comportamientos individuales. Están relacionadas con las estrategias y los mapas mentales que desarrollamos para conducir nuestros comportamientos específicos. La mera implicación en determinados comportamientos no garantiza que vaya a tener lugar el aprendizaje. Son nuestras estrategias cognitivas las que determinan cómo seleccionar y conducir esos comportamientos. Son ellas quienes determinan que quien aprende vaya a desarrollar realmente las capacidades necesarias para llevar a cabo, con continuidad y elegancia, esa habilidad de comportamiento que ha estado practicando. El grado en que cada persona consiga generalizar algo concreto aplicándolo a situaciones nuevas, situadas fuera del contexto en que lo aprendió inicialmente, dependerá de sus capacidades mentales. La función de éstas consiste, pues, en proporcionar la **percepción** y la **dirección** necesarias para alcanzar determinados objetivos.

El desarrollo de capacidades implica el establecimiento de mapas y estrategias cognitivos. Según el modelo de Niveles Neurológicos, las capacidades se interponen entre nuestras creencias y nuestros comportamientos. Son ellas las que nos permiten transformar nuestras creencias y nuestros valores en comportamientos tangibles.

La enseñanza y el "juego interno" de la actuación

En relación con el coaching, los conceptos de enseñanza y desarrollo de capacidades se refieren a lo que podríamos denominar **juego interno** de la actuación. El concepto de "**juego interno**" fue desarrollado por Timothy Gallwey (1974, 2000) como medio para ayudar a las personas a alcanzar la excelencia en diversos deportes (tenis, golf, esquí, etc.), en la música, en los negocios y en la formación empresarial. En cualquier área de actuación de que se trate, el éxito requiere la utilización tanto de la mente como del cuerpo. La esencia del "juego interno" consiste en prepararse mentalmente para actuar bien.

El "juego externo" está relacionado con las habilidades físicas. En deportes tales como el béisbol, por ejemplo, estaríamos hablando de cómo mover el bate, cómo lanzar, cómo recoger, cómo colocarse en el campo, cómo correr de una base a otra, etc. El "juego interno", por su parte, está relacionado con nuestro enfoque mental a lo que estamos haciendo. Eso incluye la actitud, la seguridad en sí mismo y en el equipo, la capacidad para concentrarse eficazmente, tratar con las equivocaciones y con la presión, etc.

Atletas y coaches hablan a menudo de la importancia de concentrarse y "poner la cabeza en el juego". Cuando juego interno y juego externo trabajan al unísono, las acciones fluyen con una especie de excelencia sin esfuerzo que ha venido a conocerse como "jugar en la zona". He aquí algunos indicadores de que tu juego interno está en orden y de que estás "en la zona":

Sensación de absoluta confianza en ti mismo y ausencia total de cualquier duda o ansiedad.

Ningún temor al fracaso y plena conciencia de lograr el objetivo.

Atención centrada en actuar con belleza y excelencia.

La actuación fluye sin esfuerzo y sin tener que pensar en ella.

El coaching con "c" minúscula, o coaching de rendimiento, centra clara y preferentemente su atención en el "juego externo" de cualquier actuación. En cambio, en la enseñanza el coach se centra en ayudar a su pupilo a desarrollar su "juego interno".

He aquí algunas de las creencias que forman parte del bagaje del maestro eficaz:

Todos podemos aprender.

Tengo preguntas e ideas estimulantes, que puedo compartir con otros. Las ideas y las preguntas de los demás me enriquecerán a mí.

El proceso de expandir al exterior las habilidades propias es intrínsecamente motivador.

Las personas aprenden con facilidad cuando reciben alabanzas y reconocimiento por sus propias ideas.

Cada cual aprende a su modo y a su ritmo, y ésta es la forma que más le conviene.

Esta persona es inteligente y merece mi reconocimiento y mi atención.

Esta persona hará, sin duda, buen uso del conocimiento y la información que yo le transmita, y lo hará del mejor modo para ella.

El estilo de liderazgo más corriente es el de estimulación intelectual. La estimulación intelectual implica animar a la persona a descubrir nuevas perspectivas y a repensar sus propias ideas. Refuerza la inteligencia, la racionalidad y la cuidadosa resolución de problemas. Los enseñantes alaban con frecuencia las nuevas ideas y la claridad de pensamiento.

Cuando actúa como maestro, el coach centra su atención en ayudar a sus pupilos a desarrollar claridad, nueva comprensión y un mapa del mundo más amplio. Los maestros estimulan nuevos mapas cognitivos, a la vez que ayudan a dotar las experiencias con referencias que confieren significado a esos mapas. El énfasis del maestro recae en cómo aprender. Como señala Gallwey:

El coaching [al nivel capacidad] consiste en fisgonear en el proceso de pensamiento de la otra persona. La parte más importante del trabajo del coach consiste en escuchar bien. El coaching eficaz en el puesto de trabajo coloca un espejo delante de los clientes, de modo que puedan ver por sí mismos su proceso de pensamiento. Más que a lo que me están diciendo, como coach presto más atención a lo que están pensando, incluido cómo enfocan su atención y cómo definen los elementos clave de la situación.

Por consiguiente, en lugar de limitarse a presentarles nuevos contenidos, el maestro eficaz ayuda a las personas a desarrollar nuevas estrategias de aprendizaje. Asimismo, los buenos maestros saben reconocer los estilos de aprendizaje de cada individuo (p. ej., visual, auditivo, cinestésico, etc.) y adaptarse a ellos.

Canales de representación

Según la PNL, construimos nuestros mapas de un entorno determinado a partir de la información que recibimos de nuestros cinco sentidos o " sistemas de representación" : vista, oído, olfato, gusto y tacto. Nuestros sentidos constituyen la forma o estructura de nuestro pensamiento, en oposición al contenido. Cada pensamiento que tenemos, con independencia de cuál sea su contenido, va a ser una función de imágenes, sonidos, sensaciones, olores o sabores, así como del modo en que todas esas representaciones se interrelacionan entre sí. Estamos constantemente entretejiendo representaciones sensoriales con las que construir y actualizar nuestros mapas de la realidad. Confeccionamos esos mapas basándonos en la realimentación procedente de nuestra experiencia sensorial.

Los canales de representación están relacionados con los sentidos, así como con la modalidad sensorial o tipo de representación que cada persona utiliza para aprender o comunicarse. Cuando alguien habla en voz alta, está utilizando un canal **verbal** de representación externa. La **escritura** constituye un canal más bien visual de representación. Un canal de representación pictórico o simbólico implicaría dibujar o exhibir **símbolos** y **diagramas**. Las demostraciones conductistas o escénicas constituyen un canal más bien **físico** de representación.

El canal de representación que utiliza cada cliente para aprender, desarrollar o refinar sus propias capacidades constituye un aspecto importante que debe considerarse a la hora de tratar de ayudarle con su "juego interno". Desde la perspectiva de la Programación Neurolingüística, es importante que los coaches presten atención al modo en que tanto ellos mismos como sus clientes utilizan estos canales de representación, tanto interna como externamente, a la hora de comunicarse o de aprender. ¿Tiende, por ejemplo, el cliente a ser fundamentalmente verbal, prefiriendo la discusión y las interacciones habladas? ¿O tal vez muestra una preferencia por las imágenes y los símbolos? ¿O prefiere quizás escenificar físicamente sus ideas, representando un papel o haciendo "microdemostraciones"?

La cuestión de qué sentidos utiliza cada individuo para representar cognitivamente la información, así como los acontecimientos futuros y sus posibles consecuencias, es mucho más que un mero detalle trivial. Por ejemplo, algunas personas tienen problemas a la hora de realizar determinadas tareas, porque tienen grandes visiones pero carecen de la necesaria comprensión de las sensaciones y del esfuerzo que alcanzar esas visiones puede requerir, o no se dan cuenta de la secuencia lógica de actividades que conduce a su objetivo.

Cada modalidad distinta de representación tiene sus propios puntos fuertes. Por ejemplo, el canal verbal de representación es potente a la hora de secuenciar la información. El canal visual suele ser el mejor modo de sintetizarla en un todo único o "gestalt". Representar físicamente una idea o un concepto hace aflorar sus aspectos concretos.

Canales de representación y estilos de aprendizaje

El concepto de "estilo de aprendizaje" constituye un reconocimiento explícito de que cada cual aprende a su modo. Cada persona desarrolla sus diversas capacidades sensoriales en grados distintos. Algunas son muy visuales por naturaleza propia. Otras, en cambio, pueden experimentar serias dificultades a la hora de formarse imágenes visuales, o simplemente de pensar visualmente. Las hay que son más bien verbales y pueden expresarse y articular la experiencia con mucha facilidad, mientras que puede que otras se debatan con las palabras, que simplemente las confunden. Algunas personas, finalmente, se sienten muy orientadas hacia los sentidos y aprenden haciendo.

A menudo damos por sentado que los demás tienen las mismas capacidades cognitivas que nosotros, pero lo más corriente es que eso no sea así. Al comunicarnos con los demás, igualar su canal de comunicación constituye un método importante para establecer sintonía y asegurarnos de que la comunicación sea comprendida.

El aprendizaje puede intensificarse bien reforzando los puntos débiles de quien aprende, bien utilizando las fuerzas de éste. Si una persona no utiliza habitualmente la visualización, estimularle a pensar mediante imágenes puede ser algo muy enriquecedor para ella, mientras que si alguien ya es bueno visualizando, enfatizar y enriquecer en su caso el uso de esta capacidad puede también incrementar sus posibilidades de aprendizaje en determinadas situaciones.

Enfatizar diferentes canales de comunicación y representación puede conducir a las personas a distintos estilos de pensamiento. Por ejemplo, el canal visual ayuda a estimular el pensamiento imaginativo. El canal verbal suele ser más eficaz en relación con el pensamiento lógico o crítico. Centrarse en los canales físicos influye en una orientación hacia la acción más realista.

En resumen, cada canal de representación puede ser utilizado para acrecentar el aprendizaje y la comunicación de varias formas:

1) Igualando el canal más utilizado y valorado por la clase de receptores o pupilos de que se trate (apoyándonos en su punto fuerte) .

2) Utilizando un canal que no suelan utilizar, para estimular de este modo nuevas formas de pensar o percibir (reforzando un punto débil) .

3) Enfatizando el canal de representación más apropiado o más favorable al proceso cognitivo o a la clase de tarea de aprendizaje de que se trate.

4) Subrayando superposiciones o conexiones entre distintos canales de representación.

Herramientas de la enseñanza: Preguntas para la evaluación del estilo de aprendizaje

Comprender el estilo de aprendizaje de cada cliente es fundamental para el éxito de un coach eficaz, particularmente cuando actúa en el papel de maestro. Para ayudar a determinar ese estilo de aprendizaje, puedes formularle a tu cliente las siguientes preguntas. Pídele que te indique cuál de las respuestas se ajusta más a su preferencia. Si una única respuesta no le basta, puede indicar dos o más. En una hoja aparte, anota cuántas respuestas son V, A, o C.

1. Evoca alguna ocasión en la que hayas aprendido a hacer algo nuevo para ti, como por ejemplo un juego de sobremesa. ¿Cómo aprendiste mejor?

V) por medio de indicaciones visuales: imágenes, diagramas o instrucciones escritas;

A) escuchando las explicaciones de alguien;

C) experimentado, probándolo tú mismo.

2. Tienes dificultades para encontrar el hotel en que te alojas en una ciudad donde sólo llevas unos pocos días. ¿Qué haces?:

C) sigo conduciendo en busca de alguna referencia conocida;

A) pregunto;

C) miro el mapa.

3. Tienes que aprender un nuevo programa informativo. ¿Qué haces?:

C) le pido a un amigo que me ayude;

V) consulto el manual que viene con el programa;

A) llamo a un conocido y le pregunto.

4. No estás muy seguro de si se escribe "haber" o "a ver". ¿Qué haces?:

V) me imagino ambas versiones mentalmente y elijo la que me parece correcta;

A) las escucho mentalmente;

C) las escribo y elijo la que me parece mejor.

5. Prefieres a los maestros o conferenciantes que utilizan:

V) diagramas de flujo, apuntes, transparencias;

C) salidas al campo, laboratorios, sesiones prácticas;

A) discusiones, conferenciantes invitados.

6. Has comprado un artículo que tienes que montar tú mismo. ¿Qué te ayudará más?

A) escuchar una cinta que describa los pasos a seguir;

C) comenzar a montarlo y aprender sobre la marcha;

V) ver un video o consultar las instrucciones impresas.

7. Te estás ocupando de la casa de un amigo durante su ausencia. Tienes que aprender rápidamente a cuidar de su jardín y de sus animales de compañía. Lo mejor será:

V) ver cómo lo hace otra persona;

A) recibir instrucciones y aclararlas a fondo;

C) que alguien te acompañe mientras lo haces.

8. Alguien te confía un número importante que debes recordar, como por ejemplo el de un teléfono, algún código o un número de serie. Para estar seguro de no olvidarlo, lo mejor será:

A) repetírtelo a ti mismo o a otra persona;

V) hacerte una imagen mental de ese número;

C) escribirlo o teclearlo varias veces.

9. Tienes que realizar una presentación ante un grupo reducido de personas. Para sentirte cómodo prefieres:

A) tener claro el tono de voz y las palabras que vas a comunicar;

V) tener a mano diagramas y notas que puedas consultar durante la presentación;

C) haber ensayado la presentación varias veces.

10. ¿Con cuál de las siguientes aficiones disfrutas más?

C) pasear/ cuidar del jardín/ bailar;

V) dibujar/ pintar/ ver paisajes/ sacar fotografías;

A) música/ cantar/ contar historia.

11. Para adquirir una nueva habilidad prefieres:

A) escuchar una descripción y hacer preguntas;

V) ver diagramas y presentaciones;

C) hacer ejercicios.

12. Cuando realmente quieres enseñar algo a alguien:

V) creas una imagen para esa persona;

A) se lo explicas lógicamente;

C) le acompañas físicamente mientras lo hace.

Aplicación de los resultados de las preguntas para la evaluación del estilo de aprendizaje

Para determinar la preferencia de aprendizaje de tu cliente, suma el número de V, A y C que te ha ido indicando. Busca la letra que más veces haya elegido en las categorías de estilos de aprendizaje referidas a continuación. Cada una de ellas incluye sugerencias que te ayudarán a adaptarte a su estilo y a facilitarle su proceso de aprendizaje.

V)isual

Las personas **visuales** tienden a aprender observando o leyendo. Cuando estés entrenando o enseñando a una persona orientada hacia lo visual, deberás poner a su disposición gran cantidad de imágenes, diagramas y material de lectura. Utiliza fotos e imágenes para ilustrar puntos e ideas clave, y recuérdale a tu cliente que se construye imágenes mentales y utilice la visualización para recordar la información relevante.

Al enseñarle nuevos comportamientos a tu cliente, demuéstrale tu mismo los elementos clave, o hazle presenciar demostraciones en forma de interpretación de papeles, ya sea en vivo o en video.

Cuando discutas ideas con él, dibújaselas en forma de símbolos, gráficos y diagramas. Asegúrate de tener siempre a mano papel y lápices o rotuladores de colores. Subraya los puntos clave con distinto color y anima a tu cliente a que vuelva a dibujar y reconstruir las mismas ideas con otras imágenes, reemplazando las palabras con símbolos e iniciales. También es buena idea pedirle que transforme de nuevo las imágenes en palabras.

A)uditivo

Las personas con un estilo de aprendizaje **auditivo** aprenden mejor escuchando y hablando. Cuando entrenes o enseñes a una persona con esta preferencia de aprendizaje, deberás explicarle las cosas cuidadosamente, repetirle los puntos clave y estimularle a que te haga muchas preguntas. Será crucial proporcionarle definiciones claras. Si trata de comprender información orientada a la vista, lo más conveniente es organizar los diagramas en forma de afirmaciones, describir las imágenes en palabras y hablar de ellas.

Es importante que actúes como "caja de resonancia" para tu cliente, y que le animes a pensar en voz alta. También lo es que reflejes lo que te dice, de forma que pueda escuchar sus propias ideas en la voz de otro. Los clientes auditivos pueden beneficiarse utilizando una cinta de audio, grabando en ellas sus ideas clave y volviéndolas a escuchar más adelante. Asimismo, a menudo resulta útil hacerle saber al cliente que puede llamarte por teléfono, de modo que pueda consultarte cualquier duda y debatir ideas o decisiones telefónicamente.

Los clientes con un estilo de aprendizaje auditivo deben ser animados a discutir sus asuntos con los amigos, a explicar sus ideas a otras personas, y a reformular sus puntos de vista en otras palabras.

C)inestésico

Los individuos **cinestésicos** necesitan estar físicamente implicados, siempre moviéndose y ensayando cosas. Cuando entrenes o enseñes a un cliente de estas características, deberás emplear un enfoque de "manos a la obra", aplicando métodos de prueba y error con los que el cliente pueda explorar y experimentar físicamente. Los cinestésicos prosperan con prácticas, ejercicios y ejemplos de la vida real sobre las ideas clave.

Para ayudarles con un repaso verbal, se les puede invitar a escribir una y otra vez, confeccionando listas y ejercitándose en respuestas. También debe permitírseles que representen físicamente sus ideas para que las "encarnen" en su cuerpo.

Al enseñarles nuevos comportamientos, es importante que los clientes cinestésicamente orientados puedan recorrer físicamente el itinerario de las diferentes partes de su actuación. Al planificar y prepararlos para una actuación futura, se les debe animar a que utilicen todos sus sentidos, a que se pongan imaginariamente en situaciones particulares, y a que ensayen o interpreten lo que harán en ellas.

Si estás entrenando a un grupo de personas con diferentes estilos de aprendizaje, deberás emplear un enfoque multisensorial. Para cada idea clave o aspecto significativo del comportamiento que debes enseñar tendrás que preguntarte: "¿Cómo puedo demostrar esto visualmente? ¿Cómo se lo demuestro de tal modo que lo sientan físicamente? ¿Cómo se lo puedo demostrar para que les entre por los oídos?".

Herramientas de la enseñanza: visualización del éxito y "ensayo mental"

Es la práctica física la que construye las habilidades de tu "juego externo" y las coloca en tu "memoria muscular", de modo que no tengas que estar pensando en lo que haces mientras lo haces. De forma parecida, algunos ejercicios mentales pueden ayudarte a mejorar tu "juego interno". Con independencia del estilo de aprendizaje o del canal de representación preferido por tus clientes, practicar estrategias tomadas de otros modelos puede resultar muy útil y puede ayudarles a expandir sus capacidades cognitivas.

La visualización, por ejemplo, se utiliza a menudo por atletas y psicólogos del deporte como medio de ayuda para refinar las habilidades y mejorar el rendimiento. Abundan los ejemplos sobre cómo se ha utilizado la visualización para promover y mejorar el rendimiento físico. En un estudio realizado en este sentido, se dividió en dos grupos a los gimnastas que iban a aprender un nuevo ejercicio. A uno de ellos se les enseñó a visualizarse a sí mismos realizando el ejercicio, mientras que al otro no se le dio instrucción alguna. Transcurridas un par de semanas y llegado el momento de realizar el nuevo ejercicio sin ninguna práctica física previa, el grupo que lo había visualizado registró un índice de éxito de entre un 50 y un 60 por ciento, mientras que el otro grupo no pasó inicialmente del 10 por ciento.

En otro ejemplo, un equipo de baloncesto fue también dividido en dos grupos para practicar "tiros libres". Uno de ellos practicó sólo físicamente mientras que el otro fue instruido para quedarse en el banquillo visualizándose a sí mismos mientras lanzaban. Cuando ambos grupos compitieron entre sí, el grupo de visualizadores anotó más canastas que el que había estado realmente practicando.

La visualización es, pues, una forma de "ensayo mental", expresión que alude a nuestra capacidad para practicar mentalmente un proceso o una actividad. Veamos unas instrucciones que pueden ser seguidas para guiar a los clientes en el proceso básico de ensayo mental:

1. Elige la habilidad que quieres mejorar.

2. Piensa en algún buen modelo para esa habilidad. Imagínatela en acción, como si fueses un espectador o estuvieses viendo un video.

3. Introdúcete en esa imagen mental, como si fueses el jugador, e imagina que estás realizando esta acción exactamente tal como te la has representado. Velo, escúchalo y siéntelo todo.

Herramientas de la enseñanza: gestión del estado personal

El estado interno de una persona constituye una influencia poderosa sobre su capacidad para relacionarse con otros y actuar adecuadamente. Saber cómo manejar los estados internos de uno mismo constituye una habilidad importante para el éxito en cualquier área de competencia humana. Como dice el gran psicólogo William James:

La gran revolución de nuestra generación consiste en haber descubierto que, cambiando las actitudes internas de su mente, los seres humanos pueden cambiar los aspectos externos de su vida.

Los atletas que se preparan para competir en un acontecimiento deportivo, por ejemplo, preparan su estado interno tanto como su estado físico. Hablan de la importancia de mantener un estado tranquilo, relajado y concentrado, incluso en momentos que requieren una gran cantidad de esfuerzo y gasto de energía física.

A modo de otro ejemplo, en un estudio realizado sobre el liderazgo eficaz se preguntó a los directivos encuestados cómo manejaban las situaciones difíciles que implicaran incertidumbre, conflicto y/ o complejidad. La reacción más común entre ellos ante esta pregunta fue algo parecido a:

Reúno tanta información como puedo, mirando la situación desde todos los puntos de vista y recabando los datos pertinentes. Pero cuando me encuentro realmente en esa situación no sé de antemano lo que voy a hacer o a decir, ignoro cómo voy a reaccionar o responder. Pueden suceder demasiadas cosas que no he previsto. En tales momentos sólo tengo una cosa en mente: "¿En qué estado quiero estar?". Porque si estoy en el estado equivocado, voy a pasarlo mal por muy bien preparado que esté. Pero si estoy en el estado adecuado, aunque no conozca la respuesta llegará la inspiración.

Algunos estados internos, como por ejemplo el de "ansiedad ante un examen", inhiben la capacidad para utilizar eficazmente nuestros propios recursos, bloqueándonos realmente para utilizar lo que sabemos. En el otro extremo, los estados de plenitud de recursos no nos ayudan a optimizar nuestra competencia mental y física y actuar con excelencia.

Desde la perspectiva de la Programación Neurolingüística, los estados internos son síntesis de los atributos, tanto mentales como fisiológicos, que influyen en el comportamiento y estimulan procesos inconscientes. Disponer de métodos eficaces para seleccionar y manejar el estado interno de uno mismo constituye una parte esencial para una actuación exitosa. Para manejar eficazmente cada situación y cada entorno, debemos utilizar distintas clases de estados internos. Aprender algunas estrategias que les permitan establecer y modificar sus estados internos puede ayudar a los clientes a ser más eficaces en todos los aspectos de su vida, tanto en lo privado como en lo profesional.

El "Círculo de Excelencia"

Una de las partes más importantes del "juego interno" consiste en la capacidad para manejar estados internos. Eso implica la capacidad para seleccionar y mantener tipos de estados internos que promuevan y sustenten una actuación eficaz. El "Círculo de Excelencia" es uno de los procesos fundamentales de la PNL para ayudar a la persona a manejar sus estados internos de forma más intencional y efectiva. Su propósito consiste en ayudar a anclar, enriquecer y recuperar estados de rendimiento óptimo.

Los objetivos del procedimiento del Círculo de Excelencia consisten en 1) descubrir algo acerca de tus indicios internos y externos de un estado eficaz, 2) establecer un ancla interna que te permita acceder más fácilmente a ese estado, y 3) aprender a observar y a leer más eficazmente esos mismos indicios en los demás.

El coach puede guiar a su cliente a través del proceso del Círculo de Excelencia utilizando las instrucciones siguientes:

1. Elige un estado interno que quisieras experimentar más a menudo (p. ej. Creatividad, seguridad en ti mismo, etc.).

2. Identifica alguna ocasión en que hayas experimentado ese estado plenamente.

3. Imagina un círculo en el suelo frente a ti, o selecciona un color, un símbolo, o cualquier otro indicio visual o sonoro, que puedas asociar con ese estado.

4. Cuando estés preparado, entra en el círculo (o en ese símbolo que has elegido). Revive la experiencia asociándote plenamente a ese estado. Ve con tus propios, escucha con tus propios oídos, siente con tu propio cuerpo, experimenta todas las sensaciones, los patrones de respiración, etc.

5. Toma nota de los patrones cognitivos y de comportamiento, tanto evidentes como sutiles, asociados con ese estado. Centra la atención hacia tu interior y observa cualquier representación interna, cualquier característica de las sensaciones, patrones de respiración, tensión muscular, etc.

6. Expande tu experiencia de ese estado amplificando cualquier cualidad sensorial (color, movimiento, brillo, etc.) asociada con él, incluyendo todas las modalidades de representación (vista, oído, sensaciones, movimiento, olfato y gusto).

7. Sal del círculo y sacúdete para desprenderte de ese estado.

8. Comprueba tu Círculo de Excelencia particular entrando en él y observando con qué facilidad y con qué rapidez puedes volver a acceder a ese estado.

9. Repite los pasos del 1 al 7 hasta conseguir un acceso fácil y limpio al estado deseado.

10. Identifica algunas de las situaciones en que quisieras tener ese estado. Imagina que puedes llevar tu Círculo de Excelencia a cada una de ellas y "futuriza" tu experiencia.

El Círculo de Excelencia permite a los clientes descubrir los patrones cognitivos y físicos asociados con estados personales de actuación óptima. Ayuda asimismo tanto al cliente como a su coach a desarrollar su conciencia sobre las clases de indicios que puedan resultar valiosos en lo que se refiere al reconocimiento y a la gestión de estados en otras personas.

Incluso los comportamientos más sutiles pueden marcar una gran diferencia de rendimiento. Si consigues descubrir algunos de esos indicios podrás ayudar a volver a acceder a ese estado de forma más consciente e intencional. Cuanto más sepas sobre los aspectos cognitivos y fisiológicos asociados con tus rendimientos cumbre, más posibilidades tendrás de acceder a ellos a voluntad.

Modelado de capacidades

Tanto la visualización como el ensayo mental y la gestión de estados internos son ejemplos de capacidades cognitivas. Tales capacidades constituyen las estructuras más profundas de las tareas o procedimientos específicos. Los procedimientos son, por lo general, secuencias de acciones o pasos que seguir para el cumplimiento de determinada tarea. No obstante, una capacidad o habilidad concreta (como, por ejemplo, la capacidad de pensar creativamente o de comunicarse eficazmente) puede servir como base para numerosas clases de tareas, situaciones y contextos distintos. Las habilidades no están organizadas de forma lineal, sino alrededor de un T.O.T.S. (Miller, Gallanter y Pribram, 1960) : un bucle de realimentación entre a) unos objetivos, b) la elección de los medios utilizados para conseguirlos, y c) la evidencia utilizada para evaluar el progreso hacia ellos.

T.O.T.S.: Requerimientos mínimos para el modelado de habilidades y comportamientos eficaces

Las iniciales T.O.T.S. significan Test-Operar-Test-Salir. El concepto T.O.T.S. postula que toda actuación eficaz gira alrededor de disponer de un objetivo previamente fijado y de unos medios variables para alcanzarlo.

Este modelo indica que, mientras pensamos, fijamos mentalmente objetivos (consciente o inconscientemente) y desarrollamos un TEST o prueba para saber cuándo un objetivo ha sido alcanzado. Si no lo ha sido, OPERAMOS para cambiar o hacer algo que nos aproxime a su logro. Cuando nuestro TEST de criterios ha sido satisfecho, SALIMOS para ocuparnos del siguiente paso. Así pues, la función de cualquier parte concreta de un programa de comportamientos podría consistir en someter a (T) est la información procedente de los sentidos para verificar el progreso hacia el objetivo, o bien (O) perar para cambiar parte de la experiencia en curso de modo que el (T) est pueda ser superado, y podamos (S) alir hacia la siguiente parte del programa.

Para poner un ejemplo, el TEST para un "coaching" eficaz podría consistir en que el cliente pueda realizar determinada actuación según determinados estándares. Si todavía no los ha alcanzado, el coach deberá OPERAR, es decir, seguir determinados procedimientos (como por ejemplo fijar objetivos bien formados, modificar la psicografía, cartografiar recursos, anclarlos, etc.) para tratar de ayudar a su cliente a mejorar el nivel de su actuación. Cuando finalmente se cumplan esos estándares, el coach y su cliente podrán SALIR hacia otra actividad.

Según la Programación Neurolingüística, para conseguir modelar eficazmente determinada habilidad o actuación, debemos identificar antes cada uno de los elementos del T.O.T.S. relacionado con ella:

1) Los objetivos del actuante.

2) Las pruebas y los procedimientos de prueba por él utilizados para evaluar su progreso hacia esos objetivos.

3) Los conjuntos de opciones por él utilizadas para llegar al objetivo, así como los comportamientos específicos utilizados para llevar a cabo dichas opciones.

4) La forma en que el actuante responde cuando el objetivo no es inicialmente alcanzado.

El T.O.T.S. constituye una herramienta útil y poderosa, susceptible de ser utilizada como parte del bucle coaching-modelado. Para ayudar a sus clientes a automodelar factores clave del éxito partiendo de sus propias actuaciones pasadas, que luego pueden ser aplicados para ayudarles a alcanzar mejor calidad y solidez en el futuro, los coaches deben emplear las preguntas que vienen a continuación.

Herramientas de la enseñanza: preguntas T.O.T.S. para el modelado

1. ¿Cuál es el contexto en el que utilizas habitualmente la habilidad que deseas modelar?

2. ¿Cuáles son los resultados u objetivos que guían tus acciones cuando aplicas esta habilidad a ese contexto? (Anótalas con frases cortas o palabras clave.)

3. ¿Qué pruebas utilizas para saber que logras esos resultados u objetivos?

a. ¿Qué criterios utilizas para evaluar resultados?

1) ¿Cómo sabes, específicamente, cuándo debes continuar haciendo lo mismo en lugar de probar algo nuevo? ¿Cuáles son tus puntos de seguir/no seguir?

2) ¿Cómo diferencias entre resultados buenos y malos?

b. Cuándo necesitas realimentación:

1) ¿De qué clase?

2) ¿De quién?

4. ¿Qué haces para llegar a los objetivos? ¿Cuáles son algunos de los pasos y actividades específicos que utilizas para lograr tus objetivos en este contexto?

a. ¿Qué partes de tu experiencia o de tu entorno utilizas para alcanzar tu objetivo?

b. ¿Cuál es la secuencia necesaria de actividad mental que debes seguir para lograr el éxito?

5. Cuando te encuentras con dificultades o problemas inesperados para lograr tus objetivos en este contexto, ¿qué actividades o pasos específicos realizas para afrontarlos?

a. ¿Qué pasos das para evitar estas perturbaciones?

b. ¿Cómo respondes cuando tropiezas con ellas?

c. Piensa en alguna ocasión en la que te sintieras atascado y lograras salir airoso. ¿Qué fue lo que hiciste entonces?

Herramientas de la enseñanza: cartografía cruzada de T.O.T.S. eficaces

Una vez que hemos conseguido la información pertinente acerca del T.O.T.S. de nuestro cliente, es decir, de su estrategia, podemos utilizarla para ayudarle a mejorar en varios sentidos. Como ya hemos visto en el capítulo anterior, la cartografía cruzada es uno de los métodos más comúnmente utilizado en PNL. Dicho método es una modalidad de "automodelado" mediante el cual analizamos los pasos o los elementos de una estrategia que ha resultado eficaz para determinada tarea o situación, para aplicarlos luego en un contexto completamente diferente. Puesto que las estrategias son independientes del contenido, una buena estrategia para cocinar de forma creativa, por ejemplo, puede ser utilizada o "cartografiada" para ayudar a la persona a ser más creativa en otras áreas tales como la composición musical, la resolución de problemas de organización, o el desarrollo de un nuevo producto. La cartografía cruzada se realiza habitualmente en conjunto con el análisis por contraste, con el que comparamos procesos y características de dos estrategias cognitivas (o T.O.T.S.) que producen resultados distintos, buscando las diferencias y las similitudes entre ambas. Algunas de las características de la estrategia eficaz son entonces transferidas al otro contexto para contribuir a la producción de resultados más eficaces.

Uno de los procedimientos de utilización básicos de la PNL consiste en dilucidar los cuatro elementos del bucle T.O.T.S., tanto para las estrategias eficaces como para las ineficaces, y contrastarlos en busca de las diferencias clave (**Tools for Dreamers**, Dilts, Epstein y Dilts, 1991). Entonces podemos utilizar la estrategia eficaz para enriquecer la ineficaz en dos sentidos:

1) reemplazando los elementos de la T.O.T.S. ineficaz por los elementos correspondientes de la eficaz;

2) añadiendo los elementos de la T.O.T.S. eficaz a los de la ineficaz.

La tabla siguiente nuestra un ejemplo de dos T.O.T.S. contrastadas para contextos que implican comunicación. Corresponde al caso de un cliente que es un maestro eficaz, pero que se bloquea y se muestra inflexible a la hora de delegar en alguien alguna tarea. Como verás, ambas estrategias difieren en algunos aspectos importantes y significativos.

Ejemplo:	p. ej., enseñar	p. ej., delegar
¿Cuáles son tus objetivos?	Compartir conocimiento con los demás y disfrutar con ello	Conseguir que la tarea se haga como es debido
¿Cómo sabes que estás alcanzando tus objetivos?	La expresión del rostro de los demás y mis propias sensaciones internas	Por el resultado final de la tarea
¿Qué haces para alcanzar tus objetivos?	Utilizo numerosos ejemplos e imágenes	Explico claramente las instrucciones
¿Qué haces cuando no estás alcanzando satisfactoriamente tus objetivos?	Repito lo mismo en otras palabras Trato de poner a mi audiencia en un estado más abierto	Me enfado

En lugar de juzgar la estrategia limitadora como "mala" o "errónea", o como algo que el cliente no debería hacer, utilizamos la estrategia eficaz para entrenar con ella a la persona cuyos T.O.T.S. describe el ejemplo, de modo que pueda añadir simplemente los elementos de su T.O.T.S. para la enseñanza a su otro proceso de delegación, por ejemplo preguntándole:

Cuando estás delegando, ¿puedes incluir en tus objetivos que la tarea se haga como es debido, así como compartir conocimiento y diversión con los demás?

¿Puedes utilizar tanto el resultado final de la tarea como la expresión del rostro de los demás y tus propias sensaciones internas mientras se está desarrollando la tarea, como prueba de que estás consiguiendo tus objetivos referentes a la delegación?

¿Puedes explicar las instrucciones claramente y utilizar ejemplos e imágenes mientras las explicas?

Si los objetivos de la delegación de t áreas no están siendo logrados satisfactoriamente, ¿puedes, como alternativa a enfadarte, añadir las opciones de dar las mismas instrucciones utilizando palabras distintas, y tratar de colocar a la persona que las recibe en un estado mental más abierto?

Observarás que es necesario realizar algunos pequeños ajustes para adaptar la estrategia eficaz al nuevo contexto. En ocasiones eso requiere cierta creatividad, pero a menudo puede hacerse muy fácilmente.

Herramientas de la enseñanza: aprendizaje en colaboración

Los coaches pueden asimismo utilizar la estructura T.O.T.S. como una modalidad de "intervisión", para ayudar a sus clientes a comparar y contrastar diferentes estrategias de actuación. Esto facilita una clase de "aprendizaje en colaboración" entre cliente y coach, o también entre grupos de clientes.

El aprendizaje en colaboración es un proceso con el que podemos transferir estrategias eficaces entre dos o más personas. Supongamos, por ejemplo, que dos gerentes, o dos músicos, o dos vendedores, tienen estrategias distintas para realizar la misma clase de tarea en el mismo contexto. Inducir y compartir los objetivos, los procedimientos de prueba y las operaciones de las respectivas estrategias puede contribuir a ampliar y enriquecer la creatividad, la flexibilidad y el aprendizaje de ambas personas.

Proceso de aprendizaje en colaboración

Este proceso puede ser realizado con un coach y su cliente, o con varios clientes si su coach trabaja con un grupo. Cada persona anotará la información sobre su propio T.O.T.S. en una ficha como la de la página siguiente. Luego comparará sus respuestas con las de otra persona, observando las correspondientes diferencias y semejanzas.

Después se pedirá a los clientes que imaginen qué sucedería si añadiesen a su propia estrategia las operaciones, los procedimientos de prueba, los objetivos y las respuestas a los problemas, de los procesos de los demás, y que consideren cómo cambiaría o enriquecería eso la forma en que abordan actualmente la tarea o el contexto de que se trate.

Contexto:

	Persona 1	Persona 2
¿Cuáles son tus objetivos?		
¿Cómo sabes que estás alcanzando tus objetivos?		
¿Qué haces para alcanzar tus objetivos? ¿Qué haces cuando no estás alcanzando satisfactoriamente tus objetivos?		

Herramientas de la enseñanza: fijarse en la realimentación en lugar de hacerlo en el "fracaso"

Uno de los aspectos fundamentales del modelo T.O.T.S. se relaciona con el modo en que el cliente responde cuando se encuentra con dificultades o problemas inesperados para alcanzar sus objetivos. Esta respuesta es fundamental para una actuación eficaz. Los realizadores que han tenido éxito aprenden de sus errores, pero no se obsesionan con ellos.

Un esclarecedor estudio realizado con atletas buenos y mediocres ilustra esta cuestión. Al ser entrevistados en relación con sus éxitos, los buenos atletas se mostraban sumamente activos e involucrados, y podían recordar todos los detalles. Al ser preguntados por sus fracasos, se mostraban en cambio más distantes, neos precisos y menos involucrados.

Al formularles las mismas preguntas a los atletas mediocres, éstos se mostraban distantes, imprecisos y poco involucrados con sus propios éxitos, mientras que al evocar sus fracasos se mostraban sumamente activos e involucrados, recordando y reviviendo hasta el último detalle humillante.

Un refrán dice que "la energía va adonde va la atención". La clave para aprender de los errores consiste en tomar cierta distancia emocional de ellos, ver qué es lo que se puede aprender, y mantenerse conectado a los propios éxitos. He aquí un simple proceso de dos pasos que los coaches pueden utilizar para ayudar a sus clientes a conseguirlo:

1. Piensa en tus errores como si te estuvieses viendo en video, observándote como si fueses un buen coach que te estuviese dando realimentación constructiva.

2. Cuando recuerdes alguna buena actuación tuya, introdúcete "en la imagen" y revive la experiencia como si la estuvieses viviendo ahora mismo, haciendo eso mismo que hiciste tan bien.

Posiciones perceptivas básicas en la comunicación y las relaciones

Como demuestra el ejercicio anterior, nuestras percepciones de las situaciones y de las experiencias que vivimos vienen influidas, en gran medida, por el punto de vista o perspectiva desde las que las consideramos. Tener la capacidad de adoptar diferentes puntos de vista de una misma situación constituye un elemento clave de nuestro "juego interno", en relación con determinada situación o actuación. De hecho, existen varias "posiciones perceptivas" desde las que es posible contemplar una situación o una interacción.

Una "posición perceptiva" es básicamente una determinada perspectiva, un punto de vista concreto desde el que percibimos la situación o la relación. La PNL define varias posiciones perceptivas desde las que podemos percibir una experiencia. La **primera posición** implica ver la situación con nuestros propios ojos, asociados a un punto de vista en "primera persona". La **segunda posición** implica experimentar la situación como si estuviésemos "en la piel del otro". La **tercera posición** implica distanciarse y percibir la relación entre nosotros y el otro desde la perspectiva de un "observador neutral". El concepto de **cuarta posición** está relacionado con el sentido de totalidad del sistema o "campo de relaciones" (el "nosotros" colectivo), derivado de una síntesis de las otras tres posiciones.

Como sucede con las demás diferenciaciones de la PNL, las posiciones perceptivas se caracterizan por sus propios patrones físicos, cognitivos y lingüísticos. Estos patrones se resumen en las siguientes descripciones:

Primera posición: tú, en tu propio espacio físico y en tu postura corporal habitual. Al estar asociado plenamente a la primera posición, utilizarás palabras tales como "yo", "mí", "mis", o "yo mismo", para referirte a tus propias sensaciones, percepciones e ideas. En primera posición vives la experiencia de la comunicación desde tu propia perspectiva: ves, oyes, sientes, gustas y hueles lo que sucede a tu alrededor y dentro de ti mismo en esa experiencia desde una perspectiva vinculada. Si estás realmente en primera posición no te ves a ti mismo, sino que eres tú mismo, mirando el mundo con tus propios ojos, escuchándolo con tus propios oídos, etc. En esta posición estarás plenamente inmerso en tu propio cuerpo y en tu propio mapa del mundo.

Segunda Posición: consiste en ser capaz de colocarse en la perspectiva de la otra parte de la interacción. (En caso de que en la interacción intervengan más de dos personas o grupos, puede haber múltiples "segundas posiciones".) Se trata de una posición temporal y transitoria, destinada a recopilar información, en la que te colocas en la posición perceptiva de la otra parte, adoptando su misma postura física y su misma visión del mundo, como si fueses esa otra persona. Desde su perspectiva ves, oyes, sientes, gustas y hueles lo mismo que ella en el bucle de comunicación en el que interactuáis, es decir, "andas un kilómetro con sus zapatos", "te sientas al otra lado de la mesa", "te pones en la piel del otro", etc. En esta segunda posición experimentas el mundo a través de los ojos, los pensamientos, las sensaciones, las creencias, etc., de otra persona. En esta posición te disocias de ti mismo y te asocias a esa otra persona. Te dirigirás a tu "primera posición" como "tú" (en lugar de "yo" o "mí"), utilizando para ello lenguaje en "segunda persona". Asumir temporalmente la posición de otra persona brinda una oportunidad extraordinaria de poder evaluar cuán eficaz eres desde tu lado del bucle de comunicación. (Después de haber estado en el lugar del otro es importante que te asegures de volver a ti mismo plena y limpiamente, dotado de nueva información que te ayudará en tu comunicación.)

Tercera posición o posición del "observador": esta posición te coloca temporalmente fuera del bucle de comunicación, para que puedas obtener información como si fueses un testigo, y no un partícipe, de esa interacción. Tu postura será simétrica y relajada. En esta posición verás, oirás, sentirás, gustarás y olerás tal como se percibe el bucle de comunicación desde la posición de un observador interesado pero neutral. Utilizarás el lenguaje propio de la "tercera persona" como "ella" o "él" cuando te refieras a las personas que estás observando (incluida esa que se mueve, habla y actúa como tú). Permanecerás disociado de la interacción, en una especie de "metaposición". Esta posición te proporciona información valiosa sobre el equilibrio de comportamientos en el bucle. La información obtenida desde esta posición puede ser transportada a tu primera posición y utilizada desde ella, junto con la procedente de la segunda posición, para ayudarte a mejorar la calidad de tu estado interno, así como la interacción y la relación dentro del bucle de comunicación.

Cuarta posición: esta posición consiste en una síntesis de las otras tres, para crear de esto modo la sensación de "ser todo el sistema", produciendo así la experiencia de formar parte de un colectivo, caracterizada por un lenguaje en primera persona del plural ("nosotros"). La cuarta posición es fundamental para producir "mentalidad de grupo" o "espíritu de equipo".

En resumen, las posiciones perceptivas se refieren a los puntos de vista fundamentales que podemos adoptar por lo que concierne a la relación entre uno mismo y otra persona:

1.a posición: Asociada con tu propio punto de vista, con tus creencias y tus presuposiciones, viendo el mundo exterior desde tu propio punto de vista. Posición del "yo".

2.a posición: Asociada con el punto de vista de la otra parte, con sus creencias y sus presuposiciones, viendo el mundo exterior a través de sus ojos. Posición del "tú".

3.a posición: Asociada con un punto de vista fuera de la relación entre tú y la otra persona. Posición del "él" o del "ellos".

4.a posición: Asociada con la perspectiva de todo el sistema. Posición del "nosotros".

Como señalan las descripciones arriba indicadas, las posiciones perceptivas se caracterizan y se expresan por medio de unas palabras clave: "yo", "tú", "ellos" y "nosotros". En cierto modo, estas palabras clave son una especie de metamensaje que te puede ayudar a reconocer y dirigir las posiciones perceptivas que cada persona va asumiendo a lo largo de determinada interacción. Por ejemplo, alguien que al exponer ideas o sugerencias utiliza frecuentemente la palabra "yo", es más probable que esté hablando desde su propio punto de vista que otra persona que utiliza preferentemente la palabra "nosotros". Si una persona se queda bloqueada en determinada posición perceptiva, se la puede invitar a que se cambie a otra distinta mediante el uso sutil de estas palabras clave.

Supongamos, por ejemplo, que estamos entrenando a un equipo de proyectos, que uno de los miembros de ese equipo está siendo abiertamente crítico con respecto a determinada idea o determinado plan, y que dice algo así como "No creo que eso pueda funcionar alguna vez", con cuyas palabras indica una fuerte reacción en "primera posición". Podemos ayudarle a cambiar a una posición menos individual y más sistémica diciéndole: "Entiendo que tienes algunas inquietudes serias acerca de este plan. ¿Cómo crees que deberíamos plantéarnoslo para que funcionara?".

Para conducir a la persona a la posición del observador, el coach puede sugerirle: "Imagina que fueses el consultor de este equipo. ¿Qué les sugerirías para trabajar juntos más eficazmente?". Para invitarle a colocarse en "segunda posición" el coach puede decirle: "Ponte en mi lugar (o en el de otro miembro del grupo) unos instantes. ¿Qué reacciones crees que tendría con respecto a lo que te preocupa?".

La capacidad para cambiar de punto de vista y adoptar múltiples perspectivas sobre una situación o una experiencia constituye uno de los elementos clave de nuestro "juego interno" de actuación, así como una de las habilidades más importantes para la comunicación y las relaciones que un coach puede ayudar a desarrollar y utilizar a sus clientes.

Segunda posición

Como vimos en la sección anterior, colocarse en segunda posición implica la capacidad de situarse en el punto de vista o "posición perceptiva" de otra persona, dentro de determinada situación o interacción. Implica cambiar de perspectiva y contemplar la situación como si fuésemos el otro individuo. En segunda posición vemos, oímos, sentimos, gustamos y olemos cómo es la interacción desde la perspectiva del otro; en otras palabras, "nos ponemos en su piel", "andamos con sus zapatos", "pasamos al otro lado de la mesa", etc.

La segunda posición implica estar asociado en el punto de vista, las creencias y las presuposiciones de otra persona, así como ver el mundo a través de sus ojos. En esta posición estamos disociados de nosotros mismos y asociados con la experiencia de la otra persona. En segunda posición utilizamos palabras como "Eres", "Pareces", etc., para referirnos a nuestro "yo" en primera posición.

La capacidad para colocarse en la segunda posición y experimentar desde ella el mapa del mundo de la otra parte constituye la base de la compasión y la empatía. Es la esencia de esa "Regla de Oro" que dice: "Haz a los demás lo que quisieras que ellos te hiciesen a ti". Asimismo, para cualquier modelado eficaz es necesario algún tipo de segunda posición. Asumir temporalmente la posición de otra persona constituye también una espléndida herramienta para evaluar cuán eficaces somos en nuestro lado de la interacción o del bucle de comunicación.

La segunda posición constituye una habilidad importante para muchas profesiones. Los líderes y gerentes eficaces, por ejemplo, hablan a menudo de la necesidad de colocarse a sí mismos "dentro de la cabeza" de sus colaboradores, o de "penetrar en el espacio de sentimientos" de los demás. En una entrevista publicada en la revista **Speak** en el año *1998*, el abogado criminalista Tony Serra comentaba:

(C)uando representas al acusado... te conviertes en él, andas en sus zapatos, ves con sus ojos y oyes con sus oídos. Tienes que conocerle por completo para comprender su comportamiento. Pero tú eres quien tiene "la palabra", es decir, eres tú quien puede traducir a jerga lega, a las palabras que la ley utiliza, o a metáforas persuasivas, sus sentimientos, sus intenciones y su intelecto, como componentes que influyen en su comportamiento. Tomas el barro del comportamiento de esa persona y lo embelleces, lo conviertes en una obra de arte. Es ahí donde reside la creatividad del abogado.

La capacidad de colocarse en segunda posición constituye una habilidad importante, tanto para los coaches como para sus clientes.

Herramientas de la enseñanza: construir una perspectiva en "segunda posición"

El proceso de situarse en segunda posición implica traspasar tu experiencia sensorial y tus mapas mentales a la perspectiva de otra persona. Eso es algo que se puede hacer total o parcialmente. Por ejemplo, cuando alguien nos dice: "Si estuviese en tu lugar, haría…", en realidad esa persona no está en absoluto en segunda posición respecto a nosotros. Lo que está haciendo no es adoptar la visión del mundo de la otra parte, sino proyectar la suya propia sobre la situación del otro.

Decir: "Desde la perspectiva de esta otra persona, me veo a mí mismo ahí", indica igualmente que quien lo dice no está enteramente en "segunda posición". La referencia a "mí mismo ahí" demuestra que quien habla sigue aún más identificado consigo mismo en primera posición, que con la otra persona en segunda. Su afirmación refleja una segunda posición más teórica que auténtica. Estar realmente en segunda posición requiere ver, oír, sentir y verbalizar desde el punto de vista de la otra persona (diciendo: "Veo a esa otra persona allá" al referirse a uno mismo).

Así pues, es posible estar en posiciones perceptivas "mixtas" o "contaminadas". Es decir, que una persona puede estar viendo y sintiendo una situación desde su propia primera posición, y al mismo tiempo hablarse a sí misma en el lenguaje propio de la segunda posición (p. ej., diciéndose a sí misma: "**Ten cuidado**, no te **vayas** a equivocar"). Conseguir asumir conscientemente una segunda posición completa, o seleccionar determinados aspectos de la segunda posición, es una habilidad que puede desarrollarse mediante el coaching y la práctica adecuados.

En la adopción de la segunda posición existen diferentes niveles y grados. Estar en casa de alguien, o en su lugar de trabajo, es una forma de colocarse en segunda posición al nivel del entorno. Imitar las acciones de esa persona es colocarse en segunda posición al nivel del comportamiento. Aprender sus estrategias de pensamiento y sus mapas mentales es un modo de desarrollar una segunda posición al nivel de las habilidades. Asumir los valores y las creencias de esa persona es una forma de entrar en segunda posición a un nivel aún más profundo. Identificarse con ella y adquirir su personalidad implicaría una segunda posición a un nivel muy profundo de identidad.

El procedimiento descrito a continuación puede ser utilizado para ayudar a los clientes a construir una rica perspectiva, en segunda posición, con unos cuantos de estos niveles.

Pídele a tu cliente que seleccione a una persona de la que le gustaría tomar ejemplo (modelar) o a la que quisiera comprender mejor. Crea dos localizaciones físicas, una para la otra persona y otra para tu cliente.

Haz que tu cliente comience partiendo de su propia "primera posición". Coloca a tu cliente sobre la localización de "sí mismo", y pídele que haga inventario de su experiencia en el entorno, ser físico, pensamientos, creencias, valores, sentido de sí mismo y sentido de su visión y de su propósito correspondientes a esa posición. Crea para él un ancla o una "cuerda de seguridad" para esta localización de "primera posición".

Luego enséñale cómo comenzar a entrar paso a paso en la perspectiva de la otra persona, colocándose en la localización que has determinado para la segunda posición y siguiendo los pasos descritos a continuación:

1. Imagina que te encuentras en el entorno del otro. **¿Dónde y cuándo operas?**

2. Imagina que estás "en la piel" del otro. **¿En qué comportamientos y acciones te implicas dentro de ese entorno?**

3. Imagina que te encuentras en la mente del otro. **¿Qué habilidades y capacidades necesitas para actuar u operar eficazmente en ese entorno?**

4. Imagina que estás en el sistema de creencias y valores del otro. **¿Qué prioridades y presuposiciones tienes acerca de tu trabajo?**

5. Imagina que estás en la identidad o el papel del otro. **¿Cuál es tu percepción de tu misión y de ti mismo siendo esta otra persona?**

6. Imagina que te encuentras en el sistema mayor del otro. **¿Quién y qué más es importante para tu propósito y tu misión?**

Cuando hayas concluido, pídele a tu cliente que regrese a su primera posición, saliendo primero de la localización que representa a la otra persona, cambiando de nuevo su fisiología y su estado interno, y volviendo luego a colocarse en la localización correspondiente a "sí mismo", utilizando para ello el ancla o la "cuerda de seguridad" creadas de antemano para reintegrarlo plenamente a su propia posición perceptiva.

Resulta a menudo útil crear una "metaposición" o "tercera posición" neutral entre las localizaciones de "sí mismo" y del "otro". Puedes utilizar esta tercera localización como estado de transición entre la perspectiva del cliente y la de la otra persona, asegurándote así de que exista una buena separación entre ambas posiciones perceptivas.

Herramientas de la enseñanza: metacartografía

La metacartografía es un proceso que aplica las distintas posiciones perceptivas con el objetivo de ayudar a los clientes a cartografiar interacciones, situaciones y relaciones difíciles, y a manejarlas mejor. El propósito de la metacartografía consiste en ayudar a la persona a identificar primero, y alterar después, las características de los bucles de comunicación que están produciendo o manteniendo una interacción problemática.

A menudo, cuando experimentamos dificultades para comunicarnos con los demás, tendemos a atrincherarnos en nuestro punto de vista. La metacargrafía comienza reconociendo ese punto de vista, pero acto seguido nos proporciona la oportunidad de contemplar esta interacción desde otras perspectivas. Además de identificar influencias "invisibles" (es decir, internas y no físicas), la metacartografía nos permite ver y modificar algunos de los aspectos con los que tal vez estemos contribuyendo a nuestras propias dificultades.

Algunos de los pasos específicos de la metacartografía fueron desarrollados a partir del modelado de líderes eficaces en empresas y organizaciones. Como parte de este proceso de modelado, se colocaba a esos líderes en situaciones interactivas difíciles, ampliamente impredecibles. Luego se les preguntaba cómo se habían preparado mentalmente para enfrentarse a ellas.

Veamos un buen ejemplo de una respuesta muy común:

Primero pensé en las personas involucradas en la situación, e imagine las posibles acciones que podrían emprender y que pudiesen crear problemas. Luego me miré a mí mismo y traté de ver qué podría hacer yo en respuesta, y si me sentiría o no a gusto con ello. También traté de ver la situación desde la perspectiva de la otra persona, intentando captar los motivos que pudiese haber tras sus acciones. Luego contemple la situación desde la perspectiva de la otra persona, intentando captar los motivos que pudiese haber tras sus acciones. Luego contemplé la situación desde el punto de vista de la empresa, para ver cuál sería la mejor forma de manejar la situación para todos los implicados. Después de haber hecho mis "deberes", reflexioné finalmente sobre el estado interno en el que me gustaría estar, y sobre qué estado me ayudaría más a responder del modo más creativo y apropiado. Imaginé que si estaba en un estado inadecuado nunca podría responder adecuadamente, sucediese lo que sucediese, pero que si estaba en el estado indicado llegaría la inspiración, incluso en el caso de que sucediese algo para la que no estaba preparado.

Al adoptar múltiples posiciones perceptivas, esos líderes consiguieron afinar su "juego interno" de modo que pudieran manejar la situación con la máxima eficacia. Reflexionando sobre estos ejemplos de éxito, podemos concluir que los elementos básicos de una metacartografía eficaz son: a) identificar una situación de comunicación difícil o complicada; b) cartografiar las dinámicas que ocurren entre uno mismo, la otra parte de la interacción y el observador interno de uno mismo; c) adoptar la perspectiva de la otra parte y contemplar la situación desde su punto de vista; d) establecer una "metaposición" desde la que poder examinar los patrones físicos y mentales que puedan estar contribuyendo al problema; y e) explorar los cambios posibles en la comunicación, en la actitud y en el estado interno, que pudiesen hacer la interacción más cómoda y productiva.

Veamos a continuación el procedimiento básico de metacartografía, basado en las estrategias de líderes eficaces, que podemos enseñar a nuestros clientes a modo de estrategia eficaz para reflexionar sobre una situación o una interacción complicada, o planificarla de antemano.

Procedimiento básico de metacartografía

El mejor modo de realizar este proceso es mediante una especie de formato de interpretación de funciones, en el que instruimos al cliente para que se desplace físicamente entre diferentes localizaciones y actúe según las correspondientes posiciones perceptivas. Antes de comenzar situaremos en nuestra "psicogeografía" particular las tres localizaciones siguientes:

Conduce al cliente según las siguientes instrucciones:

1. Piensa en alguna situación concreta en la que hayas estado o esperes estar y que implique a otra persona con la que tengas dificultades.

2. Colócate físicamente en la localización correspondiente a la primera posición, tomando tu propia perspectiva de la situación como si esa otra persona estuviese frente a ti y la estuvieses viendo con tus propios ojos. Repasa algunas de las cosas que esta persona hace y que te dificultan el trato con ella. Observa tu respuesta interna (es decir, ¿qué está ocurriendo en tu "juego interno"?).

3. Ahora sal físicamente de tu primera posición y colócate en la localización correspondiente a la segunda posición. Imagínate que estás "en

la piel" de esa otra persona, viéndote a ti mismo a través de sus ojos. Adopta la perspectiva, el estilo de pensamiento, las creencias y las presuposiciones de esa persona, como si tú fueses ella en ese mismo momento. ¿Cuál es su perspectiva de la interacción? ¿Qué es lo que aprendes acerca de su mapa del mundo? ¿En qué difiere éste del tuyo?

4. Desplázate ahora físicamente a la tercera posición y contempla la relación entre tú mismo y esa otra persona como si fueses un observador que mira un video de dos desconocidos interactuando. ¿Qué observas acerca de los juegos "interno" y "externo" de las dos personas implicadas en ese bucle de comunicación? ¿Qué estado interno y qué recursos te gustaría transferir al "tú" en primera posición para mejorar tu juego interno? (Para aportar esos recursos puedes utilizar los formatos del Círculo de Excelencia, del anclaje o de la cartografía cruzada).

5. A modo de paso opcional, adopta la perspectiva del sistema completo y considera qué sería lo mejor para él.

Observa de qué modo cambia tu experiencia de la interacción con cada una de las posiciones perceptivas.

¿Qué has descubierto acerca de ti mismo, de la otra persona o de la situación?

(Para un formato de metacartografía más avanzado, véase **The Encyclopedia of Systemic NLP**, Dilts y DeLozier, 2000).

Herramientas de la enseñanza: Imaginería

El proceso de "imaginería" proporciona otro conjunto de posiciones perceptivas muy útil. **Imaginería** es un término acuñado por Walt Disney para describir el proceso que utilizaba para "crear futuro", dando forma a sueños y convirtiéndolos luego en realidades. Uno de sus colaboradores dio una descripción del trabajo de Disney que ilustra a la perfección el proceso de imaginería: "... había en realidad tres Walts distintos: el **soñador, el realista y el aguafiestas**. Nunca sabías con cuál de ellos te ibas a encontrar en la reunión". La imaginería implica la coordinación de estos tres subprocesos: Soñador, Realista y Crítico, componentes clave todos ellos de un "juego interno" exitoso para alcanzar objetivos futuros.

Un soñador sin un Realista no puede convertir sus ideas en cosas tangibles. Un Crítico y un Soñador sin un Realista simplemente se atascan en un conflicto permanente. Un Soñador y un Realista tal vez consigan crear cosas, pero no serán buenas ideas si no interviene un Crítico. El Crítico ayuda a evaluar y refinar los productos de la creatividad. Si es destructivo, el Crítico es un "aguafiestas"; si es constructivo, el Crítico es un "consejero". Existe el ejemplo cómico de un empresario que se vanagloriaba de sus capacidades mentales innovadoras, pero que carecía de parte de las perspectivas del Realista y del Crítico. Sus empleados solían decir de él: "Tiene una idea por minuto… Y algunas incluso son buenas".

En resumen podemos decir que:

Un Soñador sin un Realista y un Crítico no es más que eso: un Soñador.

Un Realista sin un Soñador y un Crítico no es más que un robot.

Un Crítico sin un Soñador y un Realista es un Aguafiestas.

Un Soñador y un Realista sin un Crítico son un departamento de Investigación y Desarrollo: producen muchos prototipos, pero sin los criterios de calidad necesarios para tener éxito.

Un Realista y un Crítico sin un Soñador son una burocracia.

Un Soñador y un Crítico sin un Realista son una montaña rusa maníaco-depresiva.

La innovación y la resolución de problemas eficaces requieren una síntesis de estos tres procesos o fases diferentes. El Soñador es necesario para formar nuevas ideas y nuevos objetivos. El Realista lo es como medio para la transformación de las ideas en expresiones concretas. El Crítico es imprescindible como filtro que refine las ideas y evite los posibles problemas.

Veamos, a continuación, un resumen de los patrones cognitivos y físicos básicos, asociados con cada uno de estos estilos clave de pensamiento.

Soñador

La fase soñadora de un proceso se orienta hacia el futuro a largo plazo. Implica pensar en forma de grandes imágenes y de grandes fragmentos para generar nuevas opciones y alternativas. El énfasis de la fase soñadora de un proceso recae sobre la representación y la expansión de una idea o de un plan determinados. Su nivel primario de atención se centra en generar el contenido o el "qué" de ese plan o de esa idea. Según Disney, la función del Soñador consiste en "ver claramente en su propia mente cómo va a encajar cada fragmento del asunto en la historia (o en el proyecto)". Las funciones del Soñador incluyen fijar el objetivo en términos positivos, y establecer el propósito y las recompensas del estado deseado.

Mantener la cabeza y la mirada levantadas y colocarse en una postura cómoda, relajada, simétrica y equilibrada, ayuda a pensar como un Soñador.

Realista

El propósito del Realista es convertir el sueño en un plan o producto viable. En esta posición, deberás actuar "como si" el sueño fuese posible, y centrarte en las acciones o los pasos necesarios para hacer realidad ese sueño. Tu foco de atención primario deberá ser "cómo" llevar a cabo ese plan o esa idea.

La acción en la fase realista de un proceso está orientada más bien hacia el futuro, pero operando con respecto a un plazo más corto que el del Soñador. El Realista suele centrarse en los procedimientos y las operaciones. Su nivel primario de atención recae sobre "cómo" poner en marcha el plan o la idea de que se trate.

Sentarte con la cabeza y la mirada en horizontal, o un poco de lado, con una postura simétrica y ligeramente inclinada hacia delante, te ayudará a pensar como un Realista. Tu atención cognitiva debe consistir en actuar "como si" el sueño fuese alcanzable, y en considerar cómo ese plan o esa idea pueden ser implementados, enfatizando acciones específicas y definiendo los pasos que seguir en el corto plazo. Colocarte "en la piel" de las demás partes implicadas en el plan y percibirlo desde otros puntos de vista, también te ayudará a pensar como un Realista.

Crítico

La fase crítica de la creatividad sigue a la del Soñador y a la del Realista. Su propósito consiste en evaluar el plan o proyecto que ha sido presentado, en busca de posibles problemas o "eslabones perdidos". Para ser un Crítico eficaz es importante adoptar las perspectivas de las personas que puedan influir en, o ser influidas por (tanto negativa como positivamente) el plan o el proyecto de que se trate, y considerar sus necesidades y sus reacciones. El propósito primario del Crítico consiste en detectar problemas potenciales y vínculos ausentes en un plan determinado o en una solución concreta. La estrategia del Crítico consiste en ayudar a evitar problemas adoptando diferentes perspectivas y descubriendo vínculos ausentes mediante la consideración de "qué podría suceder si" si se presentasen problemas.

Colocarte en una postura angulada, con la cabeza algo inclinada y la mirada un poco levantada, y tocarte la cara o la barbilla con la mano, te ayudará a pensar como un Crítico.

Procedimiento de coaching por Imaginería

El proceso de imaginería comporta esencialmente fragmentar el sueño en todos los pasos que serían necesarios para su plena manifestación.

El procedimiento descrito a continuación utiliza tanto la fisiología como algunas preguntas clave, para ayudar al cliente a desarrollar su capacidad para ser un Soñador, un Realista y un Crítico, durante un proceso creativo de planificación.

Las preguntas han sido pensadas para estimular los patrones de pensamiento asociados con cada una de estas posiciones. No obstante, es importante señalar que una pregunta de Soñador, contestada desde una fisiología de Crítico, no producirá probablemente ninguna respuesta conveniente de Soñador. De igual modo, una pregunta Crítica o Realista respondida desde una fisiología de Soñador no provocará una buena respuesta. Por consiguiente, es sumamente importante que el coach observe cuidadosamente a su cliente durante el procedimiento, para garantizar que éste no "contamine" sus propias respuestas cambiando inconscientemente a una fisiología inadecuada mientras responde a las preguntas formuladas por su coach.

1. Para cada fase del ciclo creativo (Soñador, Realista y Crítico), el coach formulará las preguntas pertinentes para esa fase (relacionadas a continuación) y ayudará a su cliente a seguir la pista de sus propias respuestas.

2. Cuando conteste, el cliente deberá asumir y mantener la fisiología y el estilo de pensamiento propios de cada fase (definidos en las pautas que siguen).

3. El coach observará atentamente a su cliente y cuidará de que éste mantenga en todo momento el estado apropiado y no lo "contamine".

4. Repite el ciclo con todas las fases para conseguir una aproximación cada vez más precisa al plan.

Utiliza las siguientes plantillas para registrar las respuestas de tu cliente a cada una de las preguntas formuladas en cada etapa del ciclo de imaginería.

FASE DEL "QUIERO" – El Soñador

Objetivos: Formular el objetivo específico en términos positivos. Establecer las recompensas de la idea.

Responde a las siguientes preguntas desde la postura del Soñador.

1. ¿Qué quieres hacer? (En oposición a lo que quieres evitar o no quieres hacer).

Mi objetivo es _____

2. ¿Por qué quieres hacerlo? ¿Cuál es tu propósito?

Mi propósito es _____

3. ¿Cuáles son los beneficios?

Los efectos beneficiosos serán _____

4. ¿Cómo sabrás que los tienes?

La prueba será que _____

5. ¿Cuándo puedes esperar obtenerlos?

Los beneficios pueden esperarse en _____

6. ¿Adónde quieres que te conduzca esta idea en el futuro?

Esta idea me llevará a _____

7. ¿Quién quieres ser, o a quién quieres parecerte, en relación con la manifestación de esta idea?

Quiero ser / parecerme a _____

FASE DEL "CÓMO" – El Realista

Objetivos: Establecer marcos temporales e hitos de progreso. Garantizar que la idea pueda ser iniciada y mantenida por la persona o el grupo, así como que el progreso sea verificable mediante experiencia sensorial.

Responde a las siguientes preguntas desde la postura del Realista:

1. ¿Cuándo estará completado el objetivo?

El marco temporal general para alcanzar el objetivo es

_____

2. ¿Quién va a estar implicado? (Asignar responsabilidades y asegurarse el compromiso de quienes vaya a llevar a cabo el plan)

Los actores principales serán

_____

3. ¿Cómo, específicamente, será realizada la idea? ¿Cuál será el primer paso?

Los pasos para alcanzar el objetivo son

a) _____

¿Cuál será el segundo paso?

b) _____

¿Cuál será el tercer paso?

c) _____

4. ¿Cuál será la información constante que te indique que estás avanzando hacia el objetivo, o alejándote de él?

Mi información constante será

_____

5. ¿Cómo sabrás que el objetivo ha sido alcanzado?

Sabré que el objetivo ha sido alcanzado cuando

_____

Créate una "viñeta" gráfica de tu plan encontrando o dibujando imágenes simples que representen los pasos necesarios para alcanzar tu objetivo o tu visión. Eso te ayudará a "anclar" tu propio mapa del plan y te hará más fácil comunicárselo a otras personas. Utiliza los encuadres siguientes para dibujar esas imágenes que representan las tres etapas clave del camino que has identificado como necesarias para alcanzar el objetivo o el sueño. Escribe los títulos o los comentarios que creas oportuno debajo de cada uno de ellos.

a. _____ b. _____ c. _____

Refiérete a estas imágenes cuando procedas con la siguiente fase del proceso, la fase del Crítico.

FASE DEL "¿Y SI?" – El Crítico

Objetivos: Garantizar que el plan preserve cualquier subproducto positivo de la(s) forma(s) actual(es) de lograr el objetivo.

Responde a las siguientes preguntas desde la postura del Crítico:

1. ¿A quién afectará esta idea y quién facilitará o comprometerá su eficacia?

Las personas más afectadas por este plan serán

_____

2. ¿Cuáles son sus necesidades y sus recompensas?

Sus necesidades son _____

3. ¿Por qué razón podría alguien objetar ese plan o esa idea?

Alguien podría objetar ese plan en caso de

4. ¿Qué logros positivos existen en la(s) forma(s) actual(es) de hacer las cosas?

Losaspectospositivosdela(s) forma(s) actual(es) dehacerlascosas son _____

5. ¿Cómo podrás mantener esos aspectos cuando lleves a cabo este plan o esta idea?

Los logros actuales serán preservados por medio de
_____

6. ¿Cuándo y dónde NO querrás poner en marcha este plan o esta idea?

No quisiera poner en marcha este plan cuando
_____

7. ¿Qué le falta al plan o qué necesita en su estado actual?

Lo que le falta al plan o lo que necesita en su estado actual es

Resumen

En resumen, la enseñanza implica ayudar a los clientes a desarrollar capacidades cognitivas que los conduzcan a mejorar su actuación. En el papel de maestro, el coach centra su atención sobre el "juego interno de su cliente", apoyándole para que esté mentalmente preparado para dar lo mejor de sí.

Los maestros eficaces comprenden que cada persona tiene su propio estilo de aprendizaje, basado en su canal de representación preferido (vista, oído, olfato, gusto o tacto). Las "Preguntas para la evaluación del estilo de aprendizaje" ayudan a los coaches a reconocer mejor los estilos de aprendizaje de sus clientes y a adaptarse mejor a ellos, reforzando sus puntos fuertes y mejorando los débiles.

Asimismo, los buenos maestros ayudan a la persona a desarrollar nuevas estrategias para "aprender a aprender". La visualización del éxito y el ensayo mental constituyen herramientas de enseñanza, que permiten a los clientes practicar y refinar mentalmente un proceso o una actividad antes de entrar en el propio contexto de actuación, lo cual aumenta en gran medida sus oportunidades de éxito.

La gestión del estado personal constituye un elemento clave del juego interno y de la actuación de la persona. Procedimientos tales como el del Círculo de Excelencia enseñan a los clientes a reconocer y a volver a acceder a estados de excelencia que pueden mejorar su rendimiento en una gran variedad de situaciones.

El modelo T.O.T.S. ofrece un marco básico para el bucle coaching-modelado, que proporciona una estructura simple y una serie de preguntas que pueden ser utilizadas por el maestro para ayudar a sus clientes a ser más conscientes de los factores de éxito clave en actuaciones exitosas, tanto en sí mismo como en otros, para transferir acto seguido esos factores a otros contextos y entornos distintos.

Los actuantes que han tenido éxito aprenden de sus errores, pero no se obsesionan con ellos. Los buenos coaches animan a sus clientes a percibir los errores como información más que como fracasos, enseñándoles a distanciarse emocionalmente de ellos y mantenerse en cambio conectados con sus éxitos.

La capacidad para adoptar distintas posiciones constituye otro elemento clave del juego interno de la persona. La capacidad de contemplar determinada situación desde las posiciones primera (yo), segunda (el otro) y tercera (observador) puede ayudar a los clientes a mejorar en gran medida sus habilidades de comunicación y de interactuación con los demás. La Metacartografía aplica las distintas posiciones perceptivas para ayudar a los clientes a comprender y tratar mejor a las personas difíciles.

La estrategia de la Imaginería utiliza el ciclo Disney de Soñador, Realista y Crítico para ayudar a los clientes a crear un futuro positivo y satisfactorio, así como a construir el camino hacia el estado deseado.

(II)

Algunas Sugerencias

Introducción

El entrenamiento al cual debe someterse un estudiante para convertirse en un Ninja experimentado implica ciertas tareas que no pueden tomarse a la ligera; ciertamente, para alcanzar las etapas más elevadas se requiere una intensidad de esfuerzo y una perseverancia mayores que los necesarios para cualquier otra empresa. Ya que ésta es la Gran Obra (Ta Tso). El proceso de entrenamiento exige la desintegración y la reintegración de la propia personalidad del estudiante como resultado, el individuo puede convertirse en un Hombre de Conocimiento.

...: "El Ninja se crea a través de la sabiduría, se establece mediante la comprensión y se mantiene por medio del misterio"...

Al fin y al cabo, debemos recordar que sólo hay un verdadero Maestro, el yo interno, que mora atrás de la máscara del aprendiz. Este yo interno, más elevado, es simplemente una faceta de lo eterno, uno con las diez mil cosas, el máximo tribunal de apelación, el Verdadero Maestro y sin lugar a dudas el verdadero Ninja.

7. Post Scriptum

Para influir en las vidas de los hombres, uno debe permanecer fuera del círculo de fuerzas que los afectan.

Entonces, así debe ser en la Vida del Ninja... tomar parte en el Gran Juego y sin embargo no dejarse afectar por él; mantenerse afilado hasta el borde de la lucha, preparado y capaz; actuar para preservar el equilibrio pretendido por la Naturaleza o por el solo placer de actuar, pugnar siempre por convertirse en un Hombre de Profundo Saber y guiar mediante el ejemplo, siendo a la vez temido y amado. De esta manera podrá pasar su vida en una paz y armonía relativas.

**Los secretos de la invisibilidad del Ninja
Kim Ashida**

Licuado

Sabemos que un deportista sufre un desgaste físico enorme. El problema que tenemos es compensar esas deficiencias; en ocasiones nuestras comidas no llenan los requerimientos mínimos necesarios o no tenemos una persona capacitada que nos guíe para compensar el sobreesfuerzo que se realiza. Por lo que, la siguiente lista de ingredientes para un licuado sirva de guía, ya sea que los prepares todos los ingredientes o algunos de ellos, o los vayas alternado en la semana.

Si lo deseas con más proteínas, agrega los últimos tres ingredientes. Sirve también para las mujeres embarazadas y niños.

Leche o Yoghurt,
miel,
jalea real,
polen,
fruta de temporada con cáscara (por ejemplo mango, manzana, etc.),
7 almendras,
nueces,
germen de trigo natural,
coco rallado,
granola,
1 huevo con todo y cáscara,
amaranto,
2 cucharas de avena,
ciruela pasa,
pasas,
1 cucharada de levadura de cerveza, y
semillas de girasol;
con más proteínas: nieve, vitamina en polvo y leche en polvo.

El sonido extraño de su voz lo asustó. El sucesivo silencio le infundió todavía más miedo. Empezó a agitar los brazos, tratando de acercarse a la costa, pero la marea se apoderaba de él y no estaba dispuesta a soltarlo tan fácilmente. Tenía la impresión de estar atrapado en arenas movedizas.

El océano salpicó en su pecho, luego en su cuello. Cuando sintió que se elevaba arriba de su mentón, grito a todo lo que daban sus pulmones.

"No puedes aprender con los ojos –susurró una voz a su oído-, porque no puedes confiar en lo que ves".

"¿Fo Saan? –vociferó-. ¿Dónde estás?"

"No puedes aprender con la nariz o por medio del tacto, porque no puedes confiar en lo que hueles ni en lo que tocas. Por lo tanto, no pienses".

"¡A mi tuo fo, Fo Saan!"

"¡Ba-mahk!" ¡Siente el pulso!

"¿Qué pulso?", pensó Jake al soplar para expulsar el agua salada de la nariz. Le ardían los ojos y se sentía pesado bajo el nivel del agua, abrazado por la marea. "Moriré", pensó.

"¡Ba-mahk!"

Entonces, se hundió como si el tentáculo de un monstruoso ser oceánico lo hubiera sujetado de las piernas. Desesperado, pataleó, conteniendo el aliento. La marea lo hacía girar. Estaba oscuro. Un incipiente rugido en los oídos parecía el silencio más absoluto. Quería respirar y no podía. Se encontraba en un mundo hostil, adverso a la vida. A su vida.

En ese momento experimentó el equilibrio entre la vida y la muerte. Era como si estuviera suspendido entre dos entidades macizas. No poseían una forma física, tan sólo una presencia psíquica. La oscuridad y la luz. Sabía de qué lado emanaba el arcaico rugido. No quería tener nada qué ver con la oscuridad y, por esta razón, se apartó de ella.

Ba-mahk. Siente el pulso.

No prevenía de ninguno de sus sentidos, ni de su mente. Surgía de su corazón. Suspendido en la oscuridad agitada y prístina, había abandonado todos los sentidos. Había dejado de pensar y apenas empezado a sentir. Y había encontrado el pulso.

Era como un río de plata en la oscuridad. Era como un puente de lazos tendido sobre un violento precipicio. Sin pensar, lo siguió, y fue llevado de regreso.

Jian
Eric Van Lustbader

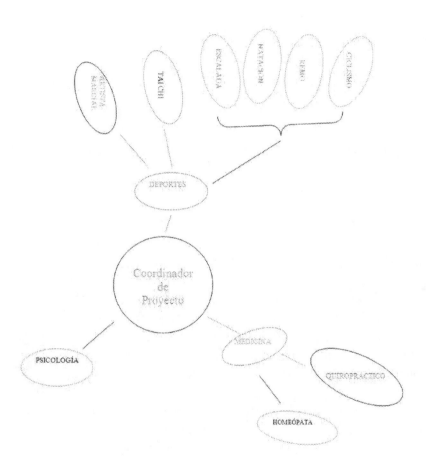

En el organigrama antecedente, se pueden cambiar algunos nombres para su fácil explicación o comprensión. Es decir, en "Coordinador del Proyecto", puede ser, "Director Técnico" o "Director Deportivo", según las necesidades o la filosofía propia del equipo.

Sabemos que algunos equipos se practica el Yoga, una disciplina que ayuda en la relajación, respiración y a unir el cuerpo-mente como una unidad. Es bueno pero no solamente esta puede ayudar, también los siguientes: el Tai Chi, el Baile o el Arte Marcial. Nosotros comprendemos el Arte Marcial, al Maestro que no solamente es Cinturón Negro, en una sola disciplina sino que tiene el mismo Nivel en otras ramas, como por ejemplo: Karate, Aikido, Judo, Ninjutsu y un largo etc. Al Maestro de Danza, entendemos que es una persona que tiene mínimo 25 años practicándolo y ha creado una escuela propia o método.

Consideramos necesario que no solamente el Deportista practique un solo deporte, recomendamos otros más: Natación, Escalada o Alpinismo, Remo, etc., etc. Para que tenga una mejor movilidad del cuerpo y autoconsciencia del mismo. Además de ayudar al jugador, expanda su creatividad con ejercicios tomados de las distintas disciplinas para mejorar su resistencia o fuerza del cuerpo. Conocer límites, alcances e innovaciones para provecho propio, o en el mejor de los casos descubrir mejores en relación mente-cuerpo. También para des-programar en cierto sentido los movimientos autónomos o carentes de gracia al practicar un solo Arte o Disciplina.

La Medicina Holística, en este caso: el homeópata con una especialización en Flores de Bach, ayudaría a mejorar la calidad de Salud del entrenado, mejorando la relación médico-paciente; ya que no solamente se revisaría la cuestión física sino emocional del mismo.

-El terror es una emoción humana, amigo mío. Debe aprender a respetarla en lugar de que lo asuste. Cuando se llega a entender incluso una emoción tan primitiva como el terror, es posible sacar provecho de ella.

... La muerte y los accidentes tienen la costumbre de derribar las barreras del tiempo. También nos revelan nuestra propia mortalidad. La vida es finita. También lo son los frutos de la amistad. Es una lástima que haga falta la tragedia para que lo comprendamos.

... "Las palabras que suenan muy bien –le había dicho Fo Saan en una ocasión- no son ciertas. Cuídate del hombre que ha pulido su capacidad de expresión: miente.

"Por otra parte, el arte es la verdad. El arte toma la nada –una hoja en blanco, un lienzo blanco- y hace de ella algo que conmueve. El arte puede definirse tan solo según la emoción que engendra en el que lo contemple. No impone suposiciones, no disputa nada. Como los grandes mares y ríos del mundo, el arte es uno de los Señores de los Abismos. Su poder deriva de mantener un perfil bajo".

-Las palabras son sólo palabras –declaró él después de un tiempo-. Es posible creerlas o no.
-¿Qué dice?
-Que usted no creería mis respuestas a sus preguntas
-¿Por qué no lo intenta?
-No deseo –replicó- que me llamen mentiroso.

Jian
Eric Van Lustbader

Ejemplos

Antes de iniciar cualquier actividad deportiva, (en este caso ejemplificaremos con el Fútbol) ; es recomendable se inicie con la Relajación (en este libro se toma el Método de Jacobson) ; así el cerebro tendrá tiempo de prepararse anticipadamente para los movimientos bruscos e intensos de dicha actividad. No solamente se puede usar el ejercicio citado líneas arriba, sino que también pueden servir los siguientes: Yoga, Baile, Tai Chi, etc., etc. Cualquier actividad que te ayude a relajar, antes y después de los Ejercicios. Si optas por la Relajación de Jacobson, con el tiempo te darás cuenta que con solo pensarlo o visualizarlo, te relajaras.

Con la mirada al frente, se entiende que el Jugador deberá tenerla al estar dominando el Balón; es decir, si se tiene los conos o banderillas el Deportista tendrá la mirada a la altura de sus ojos o un poco arriba del horizonte visual de él, sin ver el Balón. Esto no solamente le dará más seguridad sino que tendrá otras ventajas, como por ejemplo, podrá observar donde se encuentran sus compañeros de equipo y asimismo los del bando contrario. No perderá tiempo valioso, si esta cerca de la portería, para saber donde y como meter la Pelota en la red.

Es recomendable que sea ambidiestro, es decir, con la misma potencia que le pega al Balón con el pie derecho asimismo lo haga con el izquierdo. Para mejor ejemplificar esto, pongamos a nuestro Jugador o Deportista, a practicar los tiros a gol (Penales, si es diestro o tira con el pie derecho) lo haga con el izquierdo. Esto no solo hará que él mismo sepa en que falla, sino que además con cada tiro que haga el este pie; mejora el tiro con el otro. El inconsciente trabajará a favor de él, avisándole cual es el problema (y su posible solución, surge espontáneamente así sabrá que hacer para mejorar) .

Es sabido, que sincronizando la respiración con nuestra actividad física que realicemos mejora ostensiblemente nuestra capacidad de respuesta, velocidad y potencia. Siguiendo nuestro curso de acción (Penales) , haremos que el elemento del Equipo acompañe el golpe del Balón con la respiración, al principio lo hará con pausa para que tome conciencia que al tener contacto con la Pelota ya sea que exhale o inhale, lo que mejor le convenga a él mismo. Y observará que sucede con cada una de las condiciones.

No solamente estar en posición de Flor de Loto y las manos en ciertas posturas o Mudras, vocalizando o mentalmente recitando un Mantram, quiere indicar que Meditamos; sino que, teniendo un solo pensamiento en nuestra mente (mental o verbalmente, es decir, expresándolo verbalmente) también es Meditación. En este caso podemos pedirle a nuestro Elemento, que mientras tenga el Balón, observe lo que hay alrededor de él y que lo verbalice, es decir, "estoy viendo los árboles, el pasto siento su suavidad, la superficie plana, la claridad del día, etc., etc."; esto ayudará a centrar su mente en el momento actual, esa fugaz sensación del Tiempo Presente, el Aquí y el Ahora, el Instante que se va mientras se verbaliza y tendrá nuevas sensaciones (ni tan nuevas, sino que no se había permitido experimentarlas) que aquilatará e incorporara a su juego.

En ocasiones, al hacer algo nuevo o diferente; tenemos dificultades para realizarlo y nosotros mismos nos boicoteamos, si a pesar del tiempo y el empeño que pongamos no logramos dominar el Balón con la vista al frente. Es hora de vendarnos los ojos, y experimentar con los otros sentidos y abrirnos a nuevas experiencias. Esto enriquece enormemente al Jugador. Prestando atención a los otros sentidos.

Bueno, todos hemos oído y nombrado sobre el Inconsciente; que si trabajo a favor o en contra de nosotros. Al hacer los Ejercicios de tirar a Gol con el pie izquierdo (esto si eres diestro) o lo contrario, al vendarnos los ojos o tener la vista un poco más arriba del Horizonte al dominar el Balón, si los efectúas, el Inconsciente saltará a la acción, puede ser que sea una imagen, sonido o sensación nueva; por lo cual, tendrás que darle tiempo para que puedas descifrar que es lo que quiere comunicarte o de que manera puedes ser más eficiente en la actividad que realices.

Sabemos de antemano que no son todos los ejercicios que se realizan en una práctica, pero esto te dará una ligera idea de cómo los puedes adaptar a tu tipo de Deporte o de que manera puedes utilizarlos en la actividad favorita que tienes a desarrollar. No solamente es la actividad física, sino en tu vida cotidiana te puede ayudar.

Espero que sirva como ejemplo, para su mejor comprensión.

La Meditación en el Juego

Este Capítulo, como su título lo indica, es acerca de la: Meditación en el Juego o Deporte (cualquier actividad física que implica el movimiento del cuerpo o en reposo). Puede ser constante, intermitente, los fines de semana o simplemente sentarse y observarlo por la T. V.

Aunque parezca paradójico, por el momento y algunos consideren que la Reflexión nada tiene que ver con los Deportistas; en el transcurso de nuestros Estudios, Investigaciones y Casos de Deportistas, que sin saberlo hacen Observaciones que les han sido de gran ayuda.

Pero antes que pasemos a describir ciertos detalles sobre la misma, hagamos un paréntesis y busquemos en el Diccionario la Palabra Meditación; y palabras que consideramos importantes para tener una idea aproximada de lo que queremos describir, entender o el significado, para una mejor comprensión de la misma:

Meditación

f. (lat. **meditatio**). Acción de meditar, reflexión. Aplicación del espíritu en un asunto: **estar sumido en la meditación.** (Sinón. V. **Atención.**) Escrito sobre un tema religioso o filosófico: **las meditaciones de Santa Teresa.** Oración mental, reflexión sobre un punto religioso.

Meditar

v. t. Someter a la reflexión, al examen interior: **meditar sobre una verdad.** (Sinón. V. **Estudiar y Pensar.**) Combinar: **meditar una evasión.** (Sinón. V. **Proyectar.**)

Reflexión

f. (lat. **reflexio**). **Fís.** Acción de reflejar un rayo luminoso, calorífico, una onda sonora, etc. **ángulo de reflexión**, el que hace el rayo incidente con la normal en el punto de incidencia. Examen detenido de una cosa que hace el alma. (Sinón. **Examen, introspección,** V. tb. **atención.**) Juicio que resulta de este examen: **una reflexión moral.**

Atención

f. Aplicación de la mente a un objeto (Sinón. **Reflexión, meditación.** V. tb. **cuidado y observación.** Contr. **Distracción.**) Cortesanía, urbanidad. Negocios, ocupaciones: **tener muchas atenciones.** En **atención,** loc. Adv., atendiendo, teniendo presente. **Llamar la atención,** despertar la curiosidad, y tb. Reprender, avisar.

Pensar

v. t. (lat. **pensare**). Formarse ideas en la mente. Reflexionar: **no debe uno hablar sin pensar.** (Sinón. **Cavilar, deliberar, discurrir, ensimismarse, especular, meditar, recogerse. Fam. Rumiar.** V. tb. **razonar y creer.**) Recordar: **pensar en un ausente.** Intentar, tener ánimo de: **pienso salir mañana.** Tener en la mente: **no debe uno decir cuanto piensa.** Irreg. Se conjuga como **acertar.**

Observación

f. Acción y efecto de observar: **la observación de la ley.** Acción de conformarse con lo que está prescrito. **Espíritu de observación,** habilidad y predisposición para observar. Atención que se presta a ciertas cosas: **la observación de las costumbres contemporáneas.** (Sinón. **Consideración, cuidado, experiencia.**) Reflexión. Objeción, reparo. Explicación de algo. Nota aclaratoria en los libros, escritos, etc. (Sinón. V. **Advertencia.**) Estudio notable sobre alguna cosa: **Observación astronómica.** Reprimienda: **No admito observaciones de nadie.** (Sinón. V. **Reproche.**) **Poner un enfermo en observación,** estudiar la marcha de la enfermedad. (12)

Para no entrar en muchas controversias y respetando a todos; para nosotros Meditar, es: la Observación constante de Uno mismo y su circunstancia; es decir, el pensamiento ininterrumpido tanto del interior como del exterior (Imágenes, Sensaciones y Sonidos). Asimismo utilizaremos indistintamente tanto las palabras Meditar, Reflexión, Atención, Pensar y Observación como sinónimos de Meditar en este capítulo, de antemano pedimos disculpas por si algunos se sienten incómodos o está en desacuerdo.

Tendemos a pensar que el Pensar, solamente es una actividad intelectual que nada tiene que ver con el Juego (indistintamente utilizaremos las palabras Juego o Deporte) ; pero es parte esencial para que el Jugador este siempre Centrado, Estar en el Tiempo Presente, Darse Cuenta o en el Aquí y el Ahora. Prestar Atención tanto al Lugar y las Condiciones del mismo así como el Estado Interno. Sin detenerse, un flujo ininterrumpido donde se está en un estado de absoluta calma pero atento, relajado y alerta al mismo tiempo. A cada paso y a cada instante, para poder hacer los cambios que constantemente hay en el exterior e interior, de manera armónica, fácil y grácil, sin esfuerzo de pensar sino simplemente dejarse llevar por las condiciones cambiantes; es decir, adaptarse al medio.

Pero antes de continuar, hagamos un recuento de lo que hasta ahora se ha investigado en torno a la Meditación: en que nos beneficia y que sucede dentro de nuestro Cerebro cuando estamos en un Estado óptimo o de Equilibrio.

La Meditación es practicada desde hace más de 5000 años; sabemos que aumenta el Cociente Intelectual, mejora la Memoria; aumenta o mejora el Sistema Inmunitario, como el estrés y la presión sanguínea. Líneas abajo expondremos como es que se mejora el Sistema Inmunitario.

La rama que estudia la actividad eléctrica del Encéfalo es la Electroencefalografía. Sabemos que nuestro Cerebro jamás descansa ni aun cuando estamos dormidos; y genera ondas eléctricas que son medibles.

Estos estudios han puesto de relieve que cuando estamos relajados, calmados y creativos el Cerebro genera las Ondas Alfa o Alpha (9-14 Hz) las que registra el Electroencefalógrafo; pero si se encuentra en un estado más Profundo son las Ondas Theta (4-8 Hz) las que predomina, estando en un estado de Relajación Profunda y de Solución de Problemas. Ahora bien, si siguen avanzando las Ondas Delta son las que predominan, es decir el Sueño Profundo sin Dormir (1-3 Hz).

Las Ondas Alpha surgen de la actividad sincrónica y armónica de las células cerebrales de la zona del tálamo. Se originan en el Lóbulo Occipital durante periodos de Relajación, con los ojos cerrados, pero todavía despierto. Estas ondas se atenúan al abrirse los ojos y con la somnolencia y el sueño.

Se piensa que representan la actividad de la corteza visual en un estado de reposo.

Las Ondas Theta, asociadas con etapas de sueño profundo, en la fase de sueño MOR. Se generan tras la interacción entre los lóbulos temporal y frontal.

Las Ondas Delta, asociadas con etapas de sueño profundo sin soñar y no están presentes en las otras etapas del sueño. Esto en relación a lo que sucede en el interior de nuestro Cuerpo.

Es importante saber que tanto hay de cierto y sabemos, realmente de que la Mente afecta al Cuerpo; describiremos los inicios e investigaciones en donde se sorprendieron de los resultados de las investigaciones. Ya que anteriormente se pensaba que eran totalmente independientes. Y que desembocó en nuevas interrogantes que hasta la fecha nos seguimos haciendo.

Nos tomamos la libertad de copiar fragmentos del Capítulo 11, Mente y Medicina; La mente del cuerpo: cómo influyen las emociones en la salud del Libro La Inteligencia Emocional de Daniel Goleman; asimismo el Capítulo 3, Psicoterapia y la hipótesis del dodo; Psicoterapia como placebo del Libro La Mente por Descubrir de John Horgan. Las definiciones fueron sacadas del Pequeño Larousse Ilustrado.

11

Mente y Medicina
La mente del cuerpo: cómo influyen las emociones en la salud

En 1974 un descubrimiento realizado en un laboratorio de la Facultad de Medicina de Odontología de la Universidad de Rochester reescribió el mapa biológico del organismo: el psicólogo Robert Ader descubrió que el sistema inmunológico, al igual que el cerebro, podía aprender. Su conclusión causó gran impacto; el saber predominante en medicina había sido que sólo el cerebro y el sistema nervioso central podían responder a la experiencia cambiando su manera de comportarse. El descubrimiento de Ader llevó a la investigación de lo que resulta ser una infinidad de modos en que el sistema nervioso central y el sistema inmunológico se comunican: sendas biológicas que hacen que la mente, las emociones y el cuerpo no estén separados sino íntimamente interrelacionados.

En su experimento, se había proporcionado a ratas blancas un medicamento que suprimía artificialmente la cantidad de células T, las que combaten la enfermedad, que circulaban en su sangre. Cada vez que recibían el medicamento, lo ingerían con agua edulcorada con sacarina. Pero Ader descubrió que si administraba a las ratas únicamente agua con sacarina, sin el medicamento supresor, aun así se producía una disminución en el recuento de células T, hasta el punto de que algunas de las ratas empezaron a enfermar y a morir. Su sistema inmunológico había aprendido a suprimir las células T en respuesta al agua edulcorada. Según la comprensión científica de ese momento, esto no debería haber sucedido.

El sistema inmunológico es el "cerebro del organismo", como dice el neurólogo Francisco Varela, de la école Polytechnique de París, al definir la noción que el organismo tiene de sí mismo: de lo que le pertenece y de lo que no le pertenece. Las células del sistema inmunológico se desplazan en el torrente sanguíneo por todo el organismo, poniendo prácticamente en contacto a todas las otras células. Al encontrar células que reconocen, las dejan en paz; cuando encuentran células a las que no reconocen, atacan. El ataque nos defiende contra los virus, las bacterias y el cáncer o, si las células del sistema inmunológico no logran reconocer algunas de las células del propio organismo, crean una enfermedad autoinmune como la alergia o el lupus. Hasta el día en que Ader hizo su inesperado descubrimiento, todos los anatomistas, todos los médicos y todos los biólogos creían que el cerebro (con las extensiones que posee en todo el cuerpo gracias al sistema nervioso central) y el sistema inmunológico eran entidades separadas, y que ninguna de ellas era capaz de influir en el funcionamiento de la otra. No existía ninguna vía que pudiera conectar los centros del cerebro que controlaban lo que la rata probaba con las zonas de la médula que fabrican las células T. Al menos eso era lo que se creyó durante un siglo.

Desde entonces el modesto descubrimiento de Ader ha obligado a echar una nueva mirada a los vínculos que existen entre el sistema inmunológico y el sistema nervioso central. El campo que estudia esto, la psiconeuroimunología, o PNI, es en la actualidad un pionero en la ciencia médica. Su nombre mismo reconoce las relaciones: **psico**, "mente"; **neuro**, que se refiere al sistema neuroendocrino (que incluye el sistema nervioso y los sistemas hormonales) ; e inmunología, que se refiere al sistema inmunológico.

Una red de investigadores está descubriendo que los mensajeros químicos que operan más ampliamente en el cerebro y en el sistema inmunológico son aquellos que son más densos en las zonas en las zonas nerviosas que regulan la emoción. Algunas de las pruebas más patentes de una vía física directa que permite que las emociones afecten el sistema inmunológico son las que ha aportado David Felten, un colega de Ader. Felten comenzó notando que las emociones ejercen un efecto poderoso en el sistema nervioso autónomo, que regula todo, desde cuánta insulina se segrega, hasta que los niveles de presión sanguínea. Felten, trabajando con su esposa Suzanne y otros colegas, detectó un punto de reunión en donde el sistema nervioso autónomo se comunica directamente con los linfocitos y los macrófagos, células del sistema inmunológico.

En estudios realizados con microscopio electrónico se descubrieron contactos semejantes a sinapsis en los que las terminales nerviosas del sistema autónomo tienen terminaciones que se apoyan directamente en estas células inmunológicas. Este contacto físico permite que las células nerviosas liberen neurotransmisores para regular las células inmunológicas; en efecto, estas envían y reciben señales. El descubrimiento es revolucionario. Nadie había imaginado que las células inmunológicas podían ser blanco de los mensajes enviados desde los nervios.

Para probar lo importantes que eran estas terminaciones nerviosas en el funcionamiento del sistema inmunológico, Felten fue un paso más allá. En experimentos con animales eliminó algunos nervios de los ganglios linfáticos y del bazo —donde se almacenan o se elaboran las células inmunológicas— y luego utilizó los virus para desafiar al sistema inmunológico. El resultado fue una marcada disminución de la respuesta inmunológica al virus. Su conclusión es que sin esas terminaciones nerviosas el sistema inmunológico sencillamente no responde como debería al desafío de las bacterias o los virus invasores. En resumen, el sistema nervioso no sólo se conecta con el sistema inmunológico, sino que es esencial para la función inmunológica adecuada.

Otra vía clave que relaciona las emociones y el sistema inmunológico es la influencia de las hormonas que se liberan con el estrés. Las catecolaminas (epinefrina y norepinefrina, también conocidas como adrenalina y noradrenalina), el cortisol y la prolactina, y los opiáceos naturales beta-endorfina y encefalina se liberan durante el aumento del estrés. Cada una ejerce un poderoso impacto en las células inmunológicas. Mientras las relaciones son complejas, la principal influencia es que mientras estas hormonas aumentan en todo el organismo, la función de las células inmunológicas se ve obstaculizada: el estrés anula la resistencia inmunológica, al menos de una forma pasajera, supuestamente en una conservación de energía que da prioridad a la emergencia más inmediata, que es una mayor presión para la supervivencia. Pero si el estrés es constante e intenso, esta anulación puede volverse duradera.

Los microbiólogos y otros científicos descubren cada vez más conexiones entre el cerebro y los sistemas cardiovascular e inmunológico, aunque primero tuvieron que aceptar la noción en otros tiempos radical de que existen. (13)

El Fragmento siguiente; líneas abajo describe como la Mente efectivamente afecta el Cuerpo, no solamente a los humanos sino también a los animales. Pero también como podemos contribuir al mejoramiento de la misma.

Capítulo 3

Psicoterapia y la hipótesis del dodo

Psicoterapia como placebo

El efecto **placebo** ha sido desde hace tiempo una auténtica pesadilla para la medicina moderna. **Placebo** es un término latino que significa "yo placeré" y que es también la frase con que comienzan las vísperas de difuntos de la liturgia católica. A estas vísperas se las llamaba a veces **placebos**, como quiera que contrataba a plañideras profesionales para que cantaran durante la ceremonia. El término acabó refiriéndose a los psicofantes y aduladores y, con el tiempo, a los tratamientos ficticios que utilizaban los médicos para contentar a sus pacientes.

Arthur Shapiro, profesor de psiquiatría de la Escuela de Medicina Monte Sinaí de Nueva York, fue una autoridad del efecto **placebo**. En un ensayo que escribió en colaboración poco antes de morir, en 1995, señaló que "hasta época reciente, la historia del tratamiento médico es esencialmente la historia del efecto **placebo**". El examen de todos los miles de remedios que precedieron a la medicina moderna sugería que "con unas pocas excepciones, posibles pero poco probables, todos eran **placebos**". Un famoso remedio curalotodo, llamado **theriac**, consistía en docenas de ingredientes, entre ellos piel de serpiente (que, según se creía, poseía virtudes reparadoras). Descrito por Galeno hace ya casi dieciocho siglos, el **theriac** fue recetado por los médicos europeos hasta finales del siglo XXI.

Los curanderos se dieron cuenta hace mucho tiempo de que el ingrediente más importante de sus remedios podía ser la fe del paciente en ellos. Galeno escribió en cierta ocasión: "El remedio tiene mayor poder curativo en las personas que confían en él". Desde hace tiempo, es una idea aceptada por la profesión médica, según Shapiro, que los pacientes reaccionan mejor a los medicamentos nuevos que a los que llevan mucho tiempo en circulación. Síndrome éste que retrata perfectamente el viejo dicho del doctor: "Date prisa en tomarte este nuevo medicamento antes de que deje de curar". La introducción de un medicamento nuevo genera a menudo unas expectativas infundadamente elevadas tanto por parte de los pacientes como de los médicos, expectativas que pueden surtir por sí solas el efecto buscado. Con el tiempo, a medida que el medicamente pierde novedad y saltan a la vista sus efectos secundarios y sus limitaciones, se vuelve también menos eficaz.

El efecto placebo, lejos de ser una cosa ilusoria o puramente psicológica, puede producir unos sorprendentes beneficios psicológicos. El famoso trabajo publicado en 1955 por Henry Beecher reveló que los placebos pueden procurar un claro alivio de males como el asma, la hipertensión y las arrugas. El porcentaje de pacientes que reaccionaban positivamente al placebo oscilaba ente el 30 y 40 %, según Beecher. Los efectos del placebo a veces "exceden a los atribuibles a una acción farmacológica potente", añadía.

Los efectos son mucho mayores en determinados procesos. En los años cincuenta, se llevó a cabo un ensayo clínico de ligadura arterial, tratamiento quirúrgico para el dolor de pecho causado por un insuficiente riego sanguíneo del corazón. Los pacientes que experimentaron este procedimiento se compararon con un grupo de control al que se le practicaron incisiones en el pecho, pero ninguna cirugía ulterior. El 76 % de los pacientes a los que se practicó la ligadura arterial mejoró. Este resultado habría parecido muy bueno de no ser porque **el cien por cien** de los que recibieron incisiones simples —el procedimiento placebo- reaccionó favorablemente. (Las ligaduras arteriales se han abandonado actualmente.)

El reverso del efecto placebo es el efecto **nocebo**, en el que las expectativas negativas acaban realizándose. Por increíble que prueba parecer, los animales no humanos están sujetos también a estos efectos supuestamente "psicológicos", según varios experimentos llevados a cabo en los años setenta. El psicólogo Robert Ader, de la Universidad de Rochester, administró a ratas agua con sabor a sacarina que contenía ciclofosfamida, compuesto que produce náuseas y atenta gravemente contra el sistema inmunológico. Todas las ratas enfermaron y muchas murieron. Ader dio luego a las supervivientes agua endulzada con sacarina que no contenía ninguna ciclofosfamida. Estas ratas, condicionadas por su anterior experiencia, enfermaron también y algunas incluso murieron. El agua azucarada bastó para suprimir fatalmente sus sistemas inmunológicos.

El psiquiatra Arthur Shapiro sostenía que el "el poder del placebo" se refleja:

en la ubicuidad del fraude (curanderismo, 30.000 millones de dólares anuales), de la fe (curaciones religiosas y psíquicas), de las falacias (vitaminas, dietas orgánicas, **footing** excesivo, tratamientos holísticos y tratamientos alternativos, 13.900 millones de dólares anuales) y de los **hobbies** (**New Age**, cambio de estilo de vida o modalidades de autoayuda, como, por ejemplo, la ecoterapia o comunión con la naturaleza y la inmunoterapia meditativa, para fomentar el crecimiento y la fuerza de las células buenas con sangre blanca y destruir las células malignas). A pesar de las expectativas razonables de que el empleo de estas terapias disminuiría conforme aumentara el saber científico, estas terapias siguen apareciendo, desapareciendo y volviendo a aparecer en formas ligeramente distintas, como la caldera burbujeante de una bruja.

El efecto placebo podría ser también el ingrediente principal de que se compone la psicoterapia, sugirió Shapiro, quien también lo comparó con la poción medieval **theriac**, "miríada no sistemática de elementos no específicos mezclados con la esperanza de que algunos resulten eficaces". Y prosiguió: "Aunque todo el mundo coincide en que la psicoterapia es útil, beneficiosa y eficaz para muchos pacientes, como ocurre con muchos tratamientos placebo especiales, sigue en pie la cuestión principal ¿es la psicoterapia algo más que un placebo?".

Tal vez no, según Jerome Frank, antiguo profesor de psiquiatría de la Escuela de Medicina Johns Hopkins. Frank llegó a regañadientes a esta conclusión tras realizar muchas investigaciones. A finales de los cincuenta, decidió, con la colaboración de sus colegas, suministrar a los pacientes deprimidos una de estas tres formas de terapia: terapia individual semanal, terapia de grupo semanal y terapia individual mínima, que constaba sólo de una sesión de media hora cada dos semanas. "Para nuestro gran asombro, y pesar, los pacientes de las tres modalidades se mostraron por término medio igualmente aliviados de sus síntomas", manifestó.

Sobre la base de ésta y otras investigaciones, Frank llegó a la conclusión de que "el alivio que sienten pacientes psiquiátricos externos con ansiedad y depresión mediante la psicoterapia se parece mucho a la reacción placebo, lo que sugiere que pueden estar implicados los mismos factores". El marco teórico específico dentro del cual trabajan los psicoterapeutas tiene poco o nada que ver con su capacidad para "curar" a los pacientes, señaló. El factor más importante es la capacidad del psicoterapeuta para convencer a los pacientes de que van a mejorar.

"Creo que mis opiniones se han visto corroboradas", me dijo Frank cuando lo visité en 1996. Asimismo, dudaba de que la ciencia pudiera demostrar la eficacia o ineficacia de cualquier psicoterapia concreta, puesto que no puede precisar ni medir las cualidades que permiten a un terapeuta concreto inducir el efecto placebo en un paciente determinado. Dada esta premisa, le extrañaba sobremanera la virulencia con que se atacaba a Freud. "La gente ha venido atacando a Freud porque no era un científico; pero este ataque no tiene base. Freud fue un gran creador de mitos."

Frank expuso sus opiniones en **Persuasions and Heling** ("Persuasión y curación"), libro publicado por primera vez en 1961 y que ha conocido muchas reediciones desde entonces (la última, co-escrita junto con su hija, Julia Frank, también psiquiatra). Presintiendo las opiniones de Howard Gardner sobre la psicología, Frank sugería que se considerara la psicoterapia como una rama no de la ciencia, sino de la retórica o arte de la persuasión. "Los métodos tanto de los psicoterapeutas como de los retóricos sólo intentan aproximarse a la verdad, no alcanzarla. Es decir, que las verdades de estas disciplinas son probables, pero no ciertas." Frank comparaba igualmente la psicoterapia con la crítica literaria. El historial clínico de un paciente "se parece a un texto y la psicoterapia al esfuerzo común de paciente y psicoterapeuta por discernir su significado". No existe una manera única y correcta de tratar a un paciente, como no existe ninguna manera única y correcta de leer un libro. Distintos lectores descubrirán distintos significados en un mismo texto y distintos psicoterapeutas interpretarán las observaciones y el historial clínico de los mismos pacientes de distintas maneras. (14)

El siguiente ejercicio es uno de las muchas Técnicas o Métodos; para poder empezar a Meditar. Pero cualquier lugar, actividad o situación nos puede ayudar a lograrlo. Solamente necesitamos disciplina y perseverancia. Ya sea la Meditación Zen, Zazen, Yoga, Tai Chi, Meditación Trascendental, Método de Control Mental Silva, Visualización, o como gusten Uds. llamarle, lo más importante es que estamos entrenando a nuestra mente a enfocarnos en lograr el objetivo que nosotros consideramos importante. Nosotros animales de costumbres o hábitos, al iniciar debemos de practicar un ritual para empezar a crear las condiciones óptimas para el mejor aprovechamiento de nuestras capacidades; por lo tanto, al iniciar busca un lugar, hora u ambiente que te guste y ayude a relajarte; conforme avances no necesitarás del ritual y podrás hacer de la Meditación una actividad rutinaria o diaria. En cualquier lugar, circunstancia y frente a todos. Véase el Ejercicio de Meditación

Notas

(1) James E. Loehr
La Excelencia en los Deportes
Manuales Planeta; Tercer Reimpresión, Noviembre de 1992; Págs. 27-29

(2) Denise McCluggage
El Esquiador Centrado
Editorial Cuatro Vientos, 1982; Pág. 8
Prólogo

(3) Carl Sagan
Miles de Millones
Ediciones B; Primera Edición; Págs. 37-49
3
Los cazadores de la Noche del Lunes

(4) (13) Daniel Goleman
La Inteligencia Emocional
Javier Vergara Editor; 1995; Págs. 117-120; Págs. 199-201
6
La Aptitud Magistral

(5) Joe Hyams
El Zen en las Artes Marciales
Mushin;
deje que su mente fluya
Ed. Universo; 4ta. Impresión, Diciembre de 1990; Págs. 90-95

(14) John Horgan
La Mente por Descubrir
Cómo el cerebro humano se resiste a la replicación, la medicación y la explicación
Paidós; Págs. 128-132

(12) Pequeño Larousse en Color
Printed in Spain; 15 de Enero de 1975

(6), (7) y (8) Sheila Ostrander, Lynn Schroeder & Nancy Ostrander
Super-Aprendizaje
Editorial Grijalbo, 1983; Págs. 157-200
Sección 2. Super-Rendimiento
Capítulo 10
Pág. 157-169
Super-Rendimiento en los Deportes
Capítulo 11
Pág. 170-187
Un programa soviético de rendimiento máximo
Capítulo 12
Para aminorar el dolor
Pág. 188-200

Cord-Christian Troebst
Manual de supervivencia II
Relatos Auténticos de Supervivientes
Ediciones Martínez Roca, Fontana Práctica; México, D. F. 1990
Págs. 269-279-315-316

(9), (10) y (11) Robert Dilts
Coaching
Herramientas para el Cambio
Ediciones Urano S. A.
Págs. 17, 20, 21-22, 23-24, 27-28, 29-30, 31-33, 61-89, 91-135

Conseguiremos cambiar también al hombre, de manera que pueda sobrevivir por sí mismo en situaciones anormales.

(Un experto en supervivencia norteamericano.)

La historia del deporte demuestra que los hombres, mediante el entrenamiento, es decir, mediante una especie de habituación, son capaces de obtener cada vez mayores marcas...

...Alphons Gabriel dice en su descripción del gran desierto: "En dichas horas (de soledad) el desierto, a diferencia de los bosques de nuestra sociedad, se convierte en una zona de visión clara, donde el hombre desnuda su interior y su exterior de todas las cosas superficiales. Es consciente de muchas cosas que hasta entonces jamás había reconocido ni aprendido. La soledad del desierto no permite que uno se atrofie, sino que le hace expansionarse, y quizá fue esto lo que movió a Sven Hedin, a quien se atribuye la expresión: "Todos necesitamos algo de desierto". Ningún otro paisaje puede transmitir al hombre igual que el desierto la sensación de cuán pasajero es como huésped en esta tierra y el pobre cuadro de lo perecedero".

Francis Chichester se expresa de forma más prosaica: "Durante mi permanencia en solitario en el mar he encontrado, o eso quiero creer, la respuesta (al "por qué"). Nuestros antepasados, cuando tenían que cazar ellos mismos su asado para el mediodía o se calentaban la espalda al sol, obtuvieron mucho más de la vida que nosotros en nuestro mundo regido por el cerebro. Yo he llevado la vida de un intelectual..., también la vida del trabajador puramente muscular, de un leñador, de un minero..., pero todo esto tenía algo que me causaba una cierta melancolía. El único camino de experimentar la plenitud de la vida es hacer algo que active tanto el cerebro como los músculos y sentidos..., exactamente eso es lo que hago cuando emprendo un largo viaje".

Esta sensación también debió de acometer al navegante solitario francés Bernard Moitessier, participante en una regata a vela alrededor del mundo, en la que no podían detenerse y de la que (en marzo de 1969) se le consideraba ya como vencedor seguro. Pero frente a Ciudad de El Cabo cambió repentinamente su curso y navegó hacia Tahití, en lugar de hacerlo hacia Plymouth, renunciando así al premio de 5.000 libras esterlinas que le hubiera correspondido como ganador. El motivo de su acción lo explicó brevemente en un mensaje que dejó al jefe del puerto de Ciudad de El Cabo: "En pocas palabras: mi intención es proseguir mi viaje, siempre sin detenerme, pero en dirección hacia las islas del Pacífico, porque allí hay mucho más sol y más paz que en Europa. Por favor, no creáis que pretendo establecer ningún otro record. La palabra record resulta, en el mar, un concepto tonto. Sigo adelante simplemente porque en el mar me siento feliz. Y quizá porque quiero salvar mi alma".

Manual de supervivencia II
Relatos Auténticos de Supervivientes
Cord-Christian Troebst

Bibliografía

Adam Gopnik
Los pequeños gigantes
Selecciones Reader's Digest; Enero 2005, Págs. 38-43

Alexander Lowen
Ejercicios de Bioenergética
Editorial Sirio; Segunda Edición, Abril de 1990

Amy Wallace
Aprendiza de Bruja
Mi vida con Carlos Castaneda
La Liebre de Marzo, Primera Edición, Abril 2005; Pág. 372

Bruce Lee
El Tao del Jeet Kune Do
Editorial Eyras, Primera Edición, 1990
Págs. 2, 7, 8, 10, 12, 15 y 200

Carl Sagan
Miles de Millones
Ediciones B; Primera Edición; Págs. 37-49
3
Los cazadores de la Noche del Lunes

Carlos Castaneda
La Rueda del Tiempo
Plaza & Janes Editores; Primera Edición México, Febrero 1999; Págs. 25 y
29

Charles A. Garfield y Hal Zina Bennett
Rendimiento máximo
Ediciones Roca

Christian Maier y Marion Weber
Tenga éxito con el "Superlearning"
Ed. Roca; Fontana Práctica; México, D. F. 1992

Cord-Christian Troebst
Manual de supervivencia II
Relatos Auténticos de Supervivientes
Ediciones Martínez Roca, Fontana Práctica; México, D. F. 1990
Págs. 269-279-315-316

C. W. Nicol
Zen en Movimiento (El Karate como un Camino a la Nobleza)
Editorial Diana; Segunda Edición, Febrero 2003

Daniel Goleman
La Inteligencia Emocional
Javier Vergara Editor; 1995; Págs. 117-120
6
La Aptitud Magistral

Deepak Chopra
Iluminación
Las siete lecciones del golf para el juego de la vida
Alamah Autoayuda; Primera Edición: Noviembre de 2002; Pág. 14
Prefacio
Por Jesper Parnevik

Denise McCluggage
El Esquiador Centrado
Editorial Cuatro Vientos, 1982; Pág. 8
Prólogo

Desmond Morris
El Mono Desnudo
un estudio del animal humano
Plaza & Janes Editores
Capítulo VI
Alimentación

Eugen Herrigel
Zen y el Arte de los Arqueros Japoneses
Ediciones Coyoacán; Primera Edición, 1997

(12) Pequeño Larousse en Color
Printed in Spain; 15 de Enero de 1975

James E. Loehr
La Excelencia en los Deportes
Manuales Planeta; Tercer Reimpresión, Noviembre de 1992; Págs. 27-29

Jay Cluck
Combate Zen
Editorial Diana; Segunda Edición, Febrero 2003

Joe Hyams
El Zen en las Artes Marciales
Mushin:
deje que su mente fluya
Editorial Universo; 4ª Impresión, Diciembre 1990
Págs.10, 16, 29, 38, 54, 60, 66, 84, 87, 90-95, 100,125, 129,
134, 142 y 147

John Boswell y George Reiger
Manual de Supervivencia
Ediciones Martínez Roca; Col. Fontana Práctica; 1984
Capítulo I
Psicología de la Supervivencia

John Stevens
Secretos del Budo (Enseñanzas de los Maestros de Artes Marciales)
Editorial EDAF ; 2002
John Horgan
La Mente por Descubrir
Cómo el cerebro humano se resiste a la replicación, la medicación y la explicación
Paidós; Págs. 128-132

Peter Wrycza
Darse Cuenta
El desarrollo de la conciencia y la percepción
Gaia Ediciones; Primera Edición, Julio de 1999

Robert Dilts
Coaching
Herramientas para el Cambio
Ediciones Urano S. A.
Introducción
Págs. 21-22, 23-24, 27-28, 29-30, 31-33,
2
Coaching
Págs. 61-89
3
Enseñanza
Págs. 91-135

Roger B. Yepsen
Supermente
Cómo desarrollar al máximo la inteligencia, la memoria y la creatividad
Ediciones Roca, México, D. F. 1989 ; Col. Fontana Práctica, Pág. 95

Roshi Philip Kapleau
Los Tres Pilares del Zen (Enseñanza, Práctica, Iluminación)
Árbol Editorial; Primera Reimpresión: Agosto 1990

Rüdiger Nehberg
Manual del Aventurero
Técnicas de Supervivencia
Ediciones Roca; Fontana Práctica; 1989

Sabi
"Patrones de Excelencia Futbolísticos"
Mecanuscrito Inédito

Sheila Ostrander, Lynn Schroeder & Nancy Ostrander
Super-Aprendizaje
Editorial Grijalbo, 1983; Págs. 157-200
Sección 2. Super-Rendimiento
Capítulo 10
Pág. 157-169
Super-Rendimiento en los Deportes
Capítulo 11
Pág. 170-187
Un programa soviético de rendimiento máximo
Capítulo 12
Para aminorar el dolor
Pág. 188-200

S. P. Springer y G. Deutsch
Cerebro Izquierdo, Cerebro Derecho
Gedisa Editorial; Quinta Edición, Octubre de 1994

Trevanian
Shibumi
Plaza & Janes Editores; Quinta Edición, Noviembre 1991; Pág. 91

Wolfgang Wöbking
Niños más inteligentes
RBA Práctica; Segunda Edición: 2000

Yves Thelen
Ninja

Los Samurais de las sombras
Ediciones Roca; Deportes;
Págs. 42, 44, 78, 108-117, 118, 150-151, 154-155, 157, 159, 161, 167

"Hoy soy un hombre más prudente de cómo era ayer. Soy un ser humano, y un ser humano es una criatura vulnerable, que posiblemente no puede ser perfecta. Cuando muere, regresa a los elementos... a la tierra, al agua, al fuego, al viento, al aire. La materia es hueca. Todo es vanidad. Somos como briznas de hierba o como árboles del bosque, creaciones del universo, del espíritu del universo, y el espíritu del universo no tiene ni vida ni muerte. La vanidad es el único obstáculo para la vida.

Un día, el maestro Joshu anunció que el joven monje Kyogen había alcanzado el estado de esclarecimiento. Muy impresionados por esa noticia, varios de sus compañeros fueron a hablar con él.
-Hemos sabido que has alcanzado el esclarecimiento, ¿es verdad? –le preguntaron sus compañeros de estudio.
-Así es –contestó Kyogen.
-Dinos –dijo uno de ellos-, ¿cómo te sientes?
-Tan miserable como siempre –contestó el esclarecido Kyogen.

Anónimo

El Zen en las Artes Marciales
Joe Hyams

Ahora creo que no hay más –nagual- aparte del mío propio, el que mora en mi interior; y prefiero forjar mi propio camino en lugar de buscar a un padre sustitutivo; vivir mi vida sin sacrificar mi poder por unas migajas de intimidad en un harén..., por su deseo o por accidente, al fin y al cabo –me- llevo a tomar conciencia de que yo ya tengo mis propias respuestas.

Aprendiza de Bruja
Mi vida con Carlos Castaneda
Amy Wallace

Índice